소크라테스
두번죽이기

반민주주의자에 대한 민주주의 재판

소크라테스 두번죽이기

박홍규 지음

필맥

문헌이용 안내

1. 소크라테스에 대한 자료

소크라테스에 대한 재판이나 그의 죽음에 대해서 말할 때 부딪치는 가장 큰 어려움은 근거로 삼을 만한 공식 기록이나 소크라테스가 직접 쓴 글을 찾을 수 없다는 점이다. 사실 그에 대한 재판이나 그의 사상에 대해 엄밀한 의미에서 단정해서 말할 수 있는 바는 아무것도 없다.

그렇다고 참고할 자료가 전혀 없는 것은 아니다. 플라톤과 크세노폰이 소크라테스와 그의 재판에 대해 남긴 글들이 있다. 만일 둘 중 크세노폰이 쓴 《회상(Memorabilia)》과 《변론(Apologia)》만 남았다면 소크라테스는 "평범하고 시시하며 교양이 없는, 심지어 매춘부에게 뚜쟁이 노릇을 하겠다고 장난삼아 제의할 수도 있는"[1] 사람으로 기억됐을 것이다.

이런 점에서 역사는 우연이 빚어내는 짓궂은 장난처럼 보이기도 한다. 플라톤이 부지런히, 재미있게, 그리고 극단적으로 자기 스승을 찬양하지 않았다면, 소크라테스에 관해 우리에게 전해진 것이 거의 없었을 것이기 때문이다. 플라톤은 소크라테스의 재판과 죽음에 대해 네 편의 대화를 글로 남겼다. 그것은 《에우티프론(Euthyphro)》《소크라테스의 변론(Apologia Socratis)》《크리톤(Crito)》《파이돈(Phaedo)》이다. 이 가운데 특히 《소크라테스의 변론》과 《크리톤》이 중요하다. 《크리톤》은 감옥에 갇혀있던 시점의 소크라테스를 이해하는 데 기본이 되는 자료다.

플라톤의 다른 대화편들도 소크라테스를 주인공으로 하므로 소크라테스를 이해하는 자료로 사용되고 있다. 그러나 그것들이 실제로 소크라테스가 한 대화의 기록인지, 아니면 플라톤의 창작인지에 대해 지난 2천 년 이상 논쟁이 있었고, 이 논쟁은 지금도 계속되고 있으므로 자료로 이용하는 데 문제가 있다. 더욱 큰 문제는 그것들이 벌써 2천 년이 지난 고전 중의 고전인데도 우리나라에서는 제대로 번역된 적이 없다는 점이다.

물론 그동안 《소크라테스의 변론》 등 대화편 가운데 유명한 것을 중심으로 팔릴 만한 것들을 대충대충 번역한 책이 몇 번 나왔다. 하지만 대부분은 그리스어 번역이 아닌 영어나 일어로 번역된 것을 중역한 것이었고, 참으로 무책임한 것들이었다. 한때 《플라톤 전집》이라는 책이 간행되기도 했으나, 그것은 '전집'이 아니라 '선집'에 불과했다. 플라톤이 서양의 철학뿐 아니라 학문의 기본이라는 점에 비추어 볼 때 서양 학문이 중심인 우리나라에 그의 전집조차 없다는 사실은 우리 학문의 뿌리가 얼마나 천박한지를 웅변해 준다.

《소크라테스의 변론》은 소크라테스를 재판하는 법정에서 플라톤이 직접 들은 것을 기록한 것이라는 점에서 신빙성이 높다. 또한 이 책이 발간된 시점이 그 법정에 참석한 배심원들은 물론 재판을 방청한 다수의 시민이 살아있을 때였으므로 사실에 어긋나는 기록을 남길 수 없었을 것이기에 더욱 신빙성이 높다.

그러나 그 내용이 사실과 완전히 합치한다고 보기는 어렵다. 이 책은 소크라테스 사후 적어도 10년 이내에 쓰인 것으로 추정되는데, 당시에는 소크라테스의 죽음을 둘러싸고 찬반논쟁이 끊이지 않았을 터이고, 따라서 제자인 플라톤이 가능한 한 소크라테스에게 유리하게 쓰고자 했을 것이 틀림없기 때문이다.

《크리톤》 등에 대해서도 마찬가지로 평가할 수 있다. 어쩌면 나머지 대화편들은 《소크라테스의 변론》보다도 플라톤의 창작이 더 많이 가해졌을 가능성이 크다. 왜냐하면 그 내용이 소크라테스의 친구인 크리톤과 소크라테스 사이의 대화인데, 대화의 자리에 플라톤이 반드시 있었다고 보기 어렵기 때문이다.

플라톤의 대화편을 읽는 데 가장 어려운 점은 주인공이 대부분 소크라테스이며, 소크라테스가 말한 것을 중심으로 썼기 때문에 어느 것이 진짜 소크라테스의 생각이나 말이고, 어느 것이 플라톤의 생각이나 말인지 구분이 잘 안 간다는 점이다. 흔히들 소크라테스의 재판과 죽음을 직접적으로 다룬 네 편의 대화는 소크라테스의 생각이나 말이라고 보고 있으나 실제로 그런지에 대해서는 의문이 남는다.

특히 소크라테스는 민주주의자였는데 플라톤은 그렇지 않았다고 보는 주장은 두 사람의 사상을 분리시킬 경우에 대단히 편리한 기준이 될 수 있지만, 한나 아렌트나 칼 포퍼 등의 글에서 볼 수 있는 이런 주장의 근거가 무엇인지는 분명치 않다. 따라서 나는 이 책에서 그런 구별을 하지 않는다. 내가 보기에 그런 구별은 가능한 한 소크라테스를 플라톤에서 분리시켜 민주주의 철학자로 숭상하려는 의도에서 생긴 것이다.

크세노폰의 《회상》은 1권 1~2장과 4권 8장만이 고소와 재판에 관련된 것이고, 나머지는 소크라테스의 다른 행적에 관한 기록이다. 그리고 그의 《소크라테스의 변론》은 소크라테스 자신의 변론을 다룬 플라톤의 같은 제목 책과는 달리 소크라테스에 대한 크세노폰 나름의 변론이다.

그런데 크세노폰의 책은 별로 신빙성이 없어 보인다. 그는 젊어서 소크라테스와 교제[2]하긴 했지만, 번역서에서 말하는 것처럼 사사(師事)[3]한 것은 아니다. 게다가 그는 소크라테스 재판보다 2년 전인 기원전 401년에 그리스 용병으로 아시아에 출병해 전투에 종사하다가 기원전 394년경에 그리스로 돌아왔으나, 스파르타에 가담했다는 이유로 아테네에 들어오지 못하고 스파르타에서 집필생활을 했다. 따라서 그는 소크라테스에 대한 재판이 벌어질 때 아테네에 있지 않았다. 더구나 30년 이상을 아테네에서 떠나 있었기 때문에 소크라테스 재판에 대해 그가 알고 있었던 정보는 극히 한정됐을 것이므로 그가 남긴 저술의 신빙성이 의심된다. 크세노폰은 자신의 글은 소크라테스의 제자인 헤르모게네스가 보고한 내용을 서술한 것이라며 신빙성을 부여하고자 하나,[4] 그 보고를 그대로 서술했는지에 대해서도 의문이 있다.

생전의 소크라테스를 묘사한 자료는 플라톤과 크세노폰이 남긴 것들 외에 소크라테스의 친구이자 희극작가인 아리스토파네스의 작품들이 있다. 특히 아리스토파네스가 쓴 《구름》은 작품 전체가 소크라테스에 관한 것이고, 소크라테스가 왜 고소를 당했는지에 대해 알려주는 중요한 자료다. 이 밖에 플라톤의 제자인 아리스토텔레스가 남긴 것도 있다. 아리스토텔레스의 언급은 소크라테스를 숭배한 플라톤과 달리 그가 소크라테스를 매우 객관적으로 보았다는 점에서 중요하다.

나는 이 책에서 이상의 문헌을 중점적으로 검토하고, 다른 관련 자료를 보충하고자 한다. 주의해야 하는 점은 위에서 거론한 작가들이 소크라테스를 숭배하는 비민주주의자들이라는 것이다. 따라서 그들의 언급에 대해서는 언제나 비판적인 입장에서 접근하지 않을 수 없다. 그들이 비민주주의자였다는 것은 2천 4백 년 전 그리스의 상황에서는 당연하다고 말할 사람이 있을지 모르지만, 당시의 그리스는 명명백백한 민주주의 사회였다는 점에 주목할 필요가 있다.

그리고 소크라테스 이후 지금까지 2천 4백 년이라는 세월 동안의 세계가 최근을 제외하고는 비민주주의적인 사회였다는 점에도 유의해야 한다. 즉 소크라테스가 2천 4백 년간 숭상돼 온 이유는 그 긴 세월이 비민주주의적이었기 때문이다. 그렇다면 우리는 소크라테스를 재고할 필요가 있지 않을까?

이 책에서 인용한 원서와 번역서를 아래에 기록해둔다.

플라톤 저
—《에우티프론, 소크라테스의 변론, 크리톤, 파이돈》(박종현 역, 서광사, 2003). 이 책은 《에우티프론》《소크라테스의 변론》《크리톤》《파이돈》으로 인용하되, 그 인용은 전통적인 범세계적 인용방법에 따라 장, 절을 구분하는 숫자와 번역본의 쪽수를 기록한다. 참고로 말하지만, 나는 그동안 나온 여러 번역서 중에서 가장 훌륭하다는 이유에서 이 책을 인용한 것이 아니라 가장 최신의 번역이기에 인용함을 밝혀둔다. 《에우티프론》은 소크라테스의 재판과 직접 관련되는 것이 아님을 주의해야 한다. 《소크라

테스의 변론》은 종래 《소크라테스의 변명》으로 번역됐으나, 박종현의 2003년 번역에서는 원어에 충실하게 바뀌었다.
— 《국가》(조우현 역, 삼성출판사, 1976). 《국가》는 그동안 여러 번 번역됐으나 아직까지 제대로 된 번역이 없다. 플라톤은 소크라테스와 함께 철학을 비롯한 모든 학문의 출발이라고 하는데 우리나라에서는 그 대화편이 완전히 번역된 적이 없다. 2003년에 와서야 겨우 책임 있는 번역이 막 시작됐을 뿐이다. 그러나 아직도 플라톤이나 소크라테스에 대한 국내의 연구수준은 참으로 낮다.
— 《프로타고라스/메논》(최호연 편역, 두로, 1997). 이 책은 문제가 너무나 많은 편역이긴 하나, 여기서는 그대로 인용한다.
— 《고르기아스》(최민홍 역, 상서각, 1983).

크세노폰 저
— 《소크라테스 회상》(최혁순 역, 범우사, 1976). 이 책은 《회상》으로 인용하고, 인용방식은 가령 4권 4장의 아홉 번째 구절을 4.4.9로 표시하고 한글판 쪽수를 덧붙인다.
— 《변론》은 우리말로 번역돼 있지 않으나, 그 개략이 《회상》 4권 8장에 들어 있다. 영어 번역서는 Xenophon, *Apology of Socrates*, trans. by O.J. Todd, Loeb Classical Library, rep. 1992. 이 책은 *Apologia*로 인용하고 인용 시 그 절을 표시한다.

호메로스 저
— 《일리어스》(김병익 역, 삼성출판사, 1976). 이 책은 《일리아드》로 인용하고, 원전의 장 및 행의 숫자와 번역본의 쪽수를 기입한다.

소포클레스 저
— 《안티고네》[희랍극전집 1권(조우현 역, 현암사, 1968) 중 257~295쪽]. 이 책은 《안티고네》로 인용한다.

에우리피데스 저
— 《힙폴로튜스》[희랍극전집 2권(각복록 역, 현암사, 1968) 중 269~305쪽]. 이 책은 《히폴리토스》로 인용한다.

아리스토파네스 저
— 《구름》[희랍극전집 3권(나영균 역, 현암사, 1968), 25~72쪽]. 이 책은 《구름》으로 인용

한다.
―《벌》[희랍극전집 3권(김정옥 역, 현암사, 1968), 73~118쪽]. 이 책은 《벌》로 인용한다.

기타 그리스 비극은 희랍극전집에서 인용한다.

2. 그리스 민주주의에 대한 자료

소크라테스나 플라톤과 관련된 자료가 아직 제대로 번역조차 돼 있지 않은 것 이상으로 그리스 시대에 대한 고전 사료도 제대로 번역돼 있지 않다. 특히 중요한 사료는 아리스토텔레스의 《아테네인의 국제(國制)》, 투키디데스의 《전쟁사》, 헤로도토스의 《역사》 등이다. 아울러 최근에 발견된 그리스 비문 자료도 매우 중요하다.

고대 그리스나 그 민주주의에 대한 연구문헌은 조금씩 소개돼 왔으나, 대부분이 1970년대 이전의 것을 번역했다는 데 문제가 있다.[5] 왜냐하면 1970년대부터 이 분야의 연구에 매우 새로운 경향이 등장했기 때문이다. 20세기 들어 새로운 사료가 발견되고 민회 장소 등이 발굴된 데 힘입어 1970년대 이후 아테네 민주정에 대한 새로운 연구가 활기를 띠게 되었다.

최근 연구에 의해 밝혀진 아테네 민주정의 실상은 추상적인 이론이나 원리나 헌법을 가졌던 것이 아니라 시행착오를 거듭하면서 형성된 토착적인 것이었으며 참가와 책임을 주요 내용으로 한 것이었다. 즉 가능한 한 많은 시민들에게 정치참여의 기회를 주고(아마추어리즘), 그들이 정치가와 공무원에게 철저하게 책임을 묻는 시스템(탄핵제도)을 갖춘 것이었다.

고대 그리스의 아테네에서는 직접민주주의가 실시됐는데 그 내용은 민회와 민중법원이 다수결로 국정을 결정하고, 공무원의 권력은 추첨과 1년 임기제에 따른 직책의 순환에 의해 가능한 한 세분화함으로써 특정인에게 권력이 장기적으로 집중되는 것을 철저히 막는 것이었다.

이러한 고대 그리스의 민주주의에 대해 19세기부터 여러 가지 평가가 내려졌다. 그중 하나는 민주정의 모델로 이상시하는 것이고, 다른 하나는 군중심리에 의해 국정이 농단된 중우정이라고 보는 것인데, 후자의 평가가 우세했다고 말할 수 있다. 즉 고대 그리스의 민주주의를 민주정의 이상적 모델로 보지 않는 경향이 있었는데, 특히 소크라테스 재판과 관련해 철학자들의 견해가 그랬다.

고대 그리스의 민주정을 무조건 이상적이라 할 수 없음은 두말할 필요가 없다. 앞에서도 말했듯이 그것은 성년 남성들의 민주정이었고 여성, 노예, 외국인은 배제된 것이었다. 당시의 시민(폴리타이)이란 참정권을 독점한 소수의 특권계층이었다. 게다가 인권이란 개념도 없었다. 가령 현행범으로 체포된 강도범이나 유괴범이 스스로 죄를 인정하면 재판 없이 즉각 처형됐다.

그렇다고 해서 그것을 중우정이라고 할 수는 없다. 사실 '중우정'이라는 말이 품은 '어리석은 무리의 정치'라는 뜻 자체에 이미 편견이 숨어 있으므로 객관적인 용어라고 할 수 없다. 따라서 중우정은 적어도 학문적으로는 사용하기 힘든 말이다.

중우정과 같은 말은 민주정에 비판적이었던 소크라테스나 플라톤 같은 철학자들이 주로 사용했는데, 그들은 본래 민주정에 비판적인 사회계층인 귀족에 속했다. 플라톤은 본래부터 귀족이었고, 소크라테스는 평민 출신이었으나 평생 평민을 경멸하고 귀족처럼 노동을 하지 않고 살았다.

소크라테스는 자신도 추첨에 의해 공직에 취임한 적이 있었지만 추첨제를 멸시했고, 추첨제는 전문적이 아니라는 이유에서 비합리적이라고 비판했다. 나아가 직접민주정 자체를 부정했다. 따라서 그가 반민주주의자로서 민주주의에 의해 재판을 받은 것은 어쩌면 사필귀정 같은 것이었다.

스승을 죽인 민주주의를 플라톤은 소크라테스보다도 더 철저히 증오하여 철인정치라는 이상국가를 몽상했다. 플라톤보다는 정치적으로 중용의 입장을 취한 아리스토텔레스는 민주정의 특정 형태에 대해 호의를 품기도 했으나, 아테네의 현실 민주정에 대해서는 역시 비판적이었다.

오늘날 민주정에 호의적인 자료는 하나도 남아있지 않다. 그 이유는, 아테네 민주정에 대한 모든 자료는 민주정에 비판적인 입장에 섰던 이들에 의해 써어진 것으로, 민주정에 호의적이었던 민중 계층은 글을 남기지 않았기 때문이다. 따라서 엘리트가 남긴 반민주적인 글들만을 사료로 삼아 그리스 민주정을 평가해서는 안 된다.

아테네 민주정에 대한 부정적 평가는 로마시대, 르네상스, 계몽시대를 거쳐 19세기까지 유럽사상 속에 깊이 뿌리를 내렸고, 지금도 대세를 형성하고 있다고 해도 과언이 아니다. 특히 우리나라의 경우 이런 그리스 상이 19세기 말 일본이 수입한 유럽문화에 얹혀 들어왔고, 그것도 일본의 식민지 체제를 통해 우리에게 각인됐다. 해방 뒤에도 그리스에 대한 연구는 주로 보수적인 미국 학풍에 의존했다. 이런 이유에서 아테네 민주정에 대한 국내의 시각은 앞에서 말한 1970년대의 새로운 학풍 대두에도 불구하고 여전히 보수적이다.

3. 관련 문헌을 읽을 때 주의할 점

소크라테스에 대한 책이 많이 있으나 대부분 문제가 많다. 가령 루치아노 데 크레첸조의 《안녕하세요, 소크라테스》[6]라는 책이 있다. 이 책에는 소크라테스 재판을 묘사한 장면에서 개정을 알리는 재판관이 등장하나[7] 당시에는 그런 재판관이 없었고, 개정을 알리는 것은 전령의 몫이었다. 또 로고그라프라는 법률전문가에게 변호연설을 부탁했다고 하나,[8] 그는 변호연설문을 작성해주는 대필가에 불과했다.

우리나라 사람이 쓴 책에도 문제가 많다. 가령 강대석은 《그리스 철학의 이해》에서 어느 해군장군이 난파선을 구조하지 않아 재판을 받을 때 소크라테스가 배심원으로 참여해 처벌에 반대하는 투표를 했다고 하나,[9] 당시 소크라테스는 배심원이 아니라 평의회 당번의장단에 참여했다. 또한 강대석은 아테네 시민을 '고루한' 사람들로 표현함으로써 편견을 드러냈다.[10]

플라톤의 대화편을 읽는 데도 주의가 필요하다. 특히 번역자가 쓴 해설에 오류가 많다. 가령 1976년에 당시 연세대 철학과에서 그리스 철학을 강의한 조우현이 번역한 《소크라테스의 변명》에 붙어 있는 해설에는 소크라테스 재판에서 예심을 담당한 아르콘 바실리우스는 고유명사가 아닌 보통명사 '왕'을 뜻한다며 그것을 옛 왕의 직능을 일컫는 말이라고 했다. 이와 더불어 소크라테스가 다른 형벌을 받기보다는 차라리 사형을 당하겠다고 했다가 벌금형을 요구했다고 한 것도 사실과 다르다.[11]

머리말

나는 그리스를 좋아한다. 그렇게도 푸르다는 에게 해를 찬양한 사람도 있지만, 나는 무엇보다도 2천 년도 더 전에 그리스 사람들이 민주주의를 했다는 점을 좋아한다. 사실 그리스의 정식 국명인 Elinike Demokratia는 그 뜻이 '민주주의가 아름다운 나라'다. 세상에, 이렇게 아름다운 나라이름이 있다니!

대영제국이니 대한민국이니 하는 대(大)자 돌림의 나라이름보다는 얼마나 소박하고 아름다운가! 대영제국은 과거의 말이 되었지만 The Great Kingdom of England 운운하는 그 명칭이 여전히 사용되고 있다. 이에 비해 대한민국이 The Great Republic of Han이라는 식으로 영역되지 않고 그냥 Korea로 표기되고 불리는 것은 다행이다. 통일이 되면 나라이름에 '민주주의'라는 말을 꼭 넣어 '민주주의 고려'라는 식으로 불렀으면 좋겠다.

그리스가 '민주주의가 아름다운 나라'라는 나라이름을 사용한 것도 내전과 군사독재를 거친 뒤 민주주의가 회복된 1975년부터였다. 즉 최근의 그리스 민주주의를 가리키는 이름이다. 그리스인들은 2천 5백 년 전에 잠깐 민주주의를 했으나, 그 뒤 최근까지 2천여 년은 비민주주의로 살아왔다. 그랬다가 얻은 새 나라이니 민주주의가 아름다운 나라라고 부를 만도 하다.

그런데 나는 지금의 그리스 민주주의가 아니라 2천여 년 전의 그리스 민주주의에 관심이 있다. 이에 대해 시체취미라고 욕하는 사람이 있을지도 모르겠다. 그러나 지금의 민주주의라는 것은 그리스는 물론 영국이든 한국이든 다 비슷비슷한 간접민주주의이지만 2천여 년 전 그리스의 민주주의는 직접민주주의, 인류 역사에서 처음이자 마지막인 가장 완벽한 직접민주주의였다.

물론 그것도 문자 그대로 완벽한 것은 아니었다. 즉 자기들보다 몇 배나 많은 노예들이 있었기에 일에서 해방된 시민들의 민주주의였고, 여성도 외국인도 제외된 불완전한 것이었다. 그렇다 하더라도 역사상 가장 전형적인 민주주의를 보여준 게 그리스였다. 그리고 그때 소크라테스도 그곳에 살았다.

아테네는 우리의 고향처럼 아크로폴리스 언덕을 중심으로 발전된 조그만 마을이었고, 소크라테스는 그 마을의 시장바닥을 장돌뱅이처럼 떠돌며 사람들과 이야기를 나누던 사람이었다. 나는 오늘날의 아테네 구석구석에서 그런 소크라테스들을 발견했다. 마찬가지로 우리 시골마을에도 그런 소크라테스들이 있었고, 지금도 있다.

지금 내가 초강대국 미제국이 아닌 그리스를 좋아하듯 과거에 나는 '배부른 돼지보다 배고픈 소크라테스(물론 실제의 소크라테스는 혐오감을 주는 배불뚝이였고 꽤나 잘 살았지만)'도 좋아했다. 특히 그가 평생 누더기나 걸치고 맨발로 다니며 "양심에 따라 살라"고 말했다는 점이 좋았고, 그런 자기 말에 스스로 책임을 지고 독약을 마시고 죽었다는 점이 더욱 좋았다. 그러나 훗날 그가 반드시 그렇지만은 않은 사람이란 걸 않았다. 결정적으로 그가 민주주의에 반대했다는 사실은 그에 대한 내 감정을 '애정'에서 '미움'으로 바꾸었다. 우리네 소크라테스에 대한 감정도 바뀌었다. 어릴 때는 그들의 구수한 각설이타령이 좋았는데 이제는 민주화에 반대하는 완고한 노인 정치꾼들이 돼버린 그들이 싫다.

오늘날 내 고향 소크라테스들의 반민주적 행위는 시대 상황이 바뀌어서인지 그저 무시되고 있다. 그러나 소크라테스의 경우는 달랐다. 그가 한창 민주주의에 딴지를 거는 철학을 펼칠 즈음, 마침 아테네의 민주주의는 위기를 맞은 상태였다. 불안에 찬 아테네 시민들은 반사회적이라는 혐의를 씌워 소크라테스를 사형시켰다.

소크라테스가 죽은 뒤 아테네는 알렉산더 대왕의 침략을 받았고, 직접민주주의의 시대는 막을 내렸다. 그리고 결국 기원전 2세기 이후 약 2천 년간 외국의 지배를 받았다. 그 역사를 소크라테스의 책임이라고 할 수는 없을 것이다. 하지만 그가 민주주의에 반대했다는 점은 지금의 우리에게 여러 가지 생각을 하게 한다.

우리는 우선 반민주주의자 소크라테스에 대한 민주주의 재판의 진실을 알아야 하고, 더 나아가 그의 반민주주의 철학에 깔린 진실을 알 필요가 있다. 그리고 소크라테스의 후학을 자처하는 우리의 철학자들을 비롯한 학자들에게 그들의 반민주주의에 대한 반성을 촉구할 필요도 있다. 우리는 이런 관점에서 서양의 고전이라는 소크라테스 관련 저작과 사료들을 정확하고 비판적으로 검토할 필요가 있다.

　이런 논의를 제기할 기회를 준 필맥의 이주명 사장에게 감사한다. 그는 이 책을 비롯해 서양 고전에 대한 사회사적 재조명이라는, 방대할 수밖에 없는 나의 작업을 지원해주는 양심적인 출판인이다. 그와 함께 노력함은 저자인 나에게 무한한 영광이다.

2005년 7월 박홍규

차례

문헌이용 안내

머리말

프롤로그
    그리스로 가는 길 21
    황량하고 초라한 그리스 24
    소크라테스를 만나다 27
    소크라테스식 대화는 대화가 아니다 31
    반민주주의자 소크라테스 35
    소크라테스 재판이 문제가 되는 이유 40

1장   왜 소크라테스 재판인가?
    철인정치론에 숨겨진 함정 45
    대학은 노예제 사회인가? 54
    민주주의의 아마추어리즘과 대학의 프로페셔널리즘 57
    소크라테스는 철학자인가? 60
    소크라테스는 그래도 비판자였고 돈을 거부했다 62
    철학관과 소크라테스 카페 64

소크라테스의 죽음에 대한 오해들 66
플라톤과 소크라테스를 구분지은 포퍼 70
악법은 법이 아니다 72
소크라테스 재판은 그리스 민주주의의 오점이다 78

2장 그리스 민주주의의 전개

민주주의가 아름다운 나라 83
언론의 자유를 누린 아테네인 89
고대 그리스의 역사 94
고대 그리스의 민주주의 정신과 그 구조 99
최고 의사결정기관인 민회 103
최고 행정기관인 평의회 108
민주사법의 전당인 민중법원 110
민주주의는 배심에 의해 실현된다 115
고대 아테네 사법의 원리 120
민중재판에 대한 평가 123
공무원 감시제도 125
고대 그리스의 직접민주주의에 대한 평가 131

3장 소크라테스, 그는 누구인가?

　얼음장 같은 소크라테스 137

　민중을 멸시한 철학자 142

　반사회적 전체주의자 147

　아가멤논을 찬양하다 151

　소피스테스는 과연 궤변론자인가? 154

　덕은 지식이다? 156

　민주정 전복되다 164

　30인 독재정권과 소크라테스 166

　칠십 노인이 재판에 회부된 이유 172

　준법정신 때문에 탈출하지 않았다? 175

　니체, 소크라테스식 합리주의를 비판하다 178

4장 소크라테스의 변론

　크세노폰의 기록 185

　플라톤의 제1변론 197

　플라톤의 제2변론 212

　플라톤의 제3변론 214

5장 소크라테스의 죽음

　탈옥을 거부하다　219

　보복은 정의롭지 못하다?　221

　국가와 법으로부터 도피하는 것도 정의롭지 못하다?　222

　철학자는 죽은 뒤에 최대의 것을 얻으리라　225

　플라톤과 소크라테스　226

6장 그리스 민주주의의 파탄

　제국적 관점과 민주적 관점　231

　알렉산더와 민주정의 파탄　233

에필로그　235

주석　239

프롤로그

그리스로 가는 길

그리스로 가는 방법은 여러 가지다. 기차도 있고 비행기도 있다. 그러나 나는 이탈리아에서 배를 타고 아드리아 해를 건너 그리스로 갔다. 왠지 배로 가야만 할 것 같았다. 소설과 영화로 본 카잔차키스의 《그리스인 조르바》 첫 장면을 비롯해 그리스의 문학 작품들이 내게 심어준 강렬한 바다의 이미지 때문이었을까? 그러나 뱃길은 멀다. 이탈리아의 작은 도시에서 출발해 하룻밤을 꼬박 새우며 가야 그리스에 도착한다. 기착지에서 아테네까지도 멀다.

오 드넓은 바다여
그대는 나와 너무도 닮았기에 당신을 사랑하노라.
오 깊은 바다여
단 한순간도 잠들지 않는구나.

마치 가슴이 뛰듯
너는 나처럼 어리석고 작은 심장을 가졌구나.

원대한 꿈은
파도를 타고
가슴을 관통하여
우리의 젊음을 깨우도다.
원대한 꿈과 욕망은
새처럼 날개 치도다.

나의 살 속에는 가시가 있어
내게 기분 좋은 상처를 내나니
나의 살 속에는 가시가 있어
나는 그 가시를 그대에게 보이나니
오 바다여, 나의 누이여
너무도 소중한 그대여.

오 파도여 새들이여
그대들의 머나먼 여행길에
나의 은밀한 슬픔을 데려가주오.
그리고 그 머나먼 곳으로부터
내게 기쁨을 가져다주오.

이 노래는 그리스의 여가수 사비나 얀나토우가 부른 〈드넓은 바다〉다. 이 노래를 비롯해 많은 그리스 노래에 바다가 나온다. 노래처럼 바다도, 아니 바다처럼 노래도 장중하고 긴장돼 있으면서 서정이 흘러넘친다.

밤배에서 잠을 이루기는 어렵다. 어둠 속에서 파도를 응시하노라니 살아온 과거가 그 속에서 회오리친다. 달빛이 창백하다. 모든 것이 너무 슬프고 괴롭다. 그러다 문득 해가 뜨는 게 느껴진다. 여름바다에서는 새벽 5시 반이면 진홍빛 해가 뜬다. 그 해를 보면 다시금 '아, 살아야 한다, 사랑해야 한다'는 생각이 솟구친다.

바다는 새들을 데려오고
은빛 별들은 바람을 데려와
당신의 머리카락을 쓰다듬고
당신의 손에 키스할 거예요.

달은 종이로 만들어져 있고
해변도 위조된 인공물이지만
그 모든 것도 진짜로 변할 거예요.
당신이 나를 믿어주기만 한다면.

당신의 사랑이 없다면

시간은 너무도 빨리 흘러요.

당신의 사랑이 없다면

세상은 너무도 작은 곳이죠.

종이로 만들어진 달

가짜로 만들어진 해변

하지만 그 모든 것도 진짜로 변할 거예요.

당신이 나를 믿어주기만 한다면.

나는 진짜 민주주의를 찾아 길을 떠났다. 우리가 하는 가짜 민주주의가 아닌, 2천여 년 전의 진짜 민주주의를 찾아 그리스로 갔다. 지금부터 우리 함께 그 길을 떠나자. 우리의 가짜 민주주의가 진짜로 변하기를 기대하면서, 아니 진짜로 변화시키겠다고 맹세하면서, 서로에게 믿음과 사랑이 있다면 그렇게 할 수 있다고 믿으면서.

황량하고 초라한 그리스

처음 본 그리스는 너무나 황량했다. 이스라엘만큼 황량했다. 이 두 곳보다 더 황량한 곳을 나는 이 세상에서 다시 본 적이 없다. 그런데 이 두 곳이 서양문화, 아니 세계문화의 두 뿌리라니. 문화는 이렇게 산은 헐벗고 들도 거의 없는 황량한 곳에서 태어나는가? 역시 문화는 풍요한 옥토가 아니라 빈곤한 황토에서 생겨나는가?

그렇다. 돈이 문화를 낳는 것은 아니다. 헐벗은 바위산과 코발트빛 바다가 어우러져 색다른 매혹을 느끼게 하는 반도국가 그리스는 땅이 좁고, 비가 적어 나무가 제대로 자라지 못해 키가 작다. 한반도의 절반인 남한보다 약간 큰 데 불과하지만 인류 역사의 터전이요, 인류 문명의 고향이다. 그곳 사람들 역시 전형적인 유럽의 백인과 달리 키가 작다. 그을린 피부색과 검은 눈동자, 검은 머리카락을 가진 그들은 무척 수다스럽다. 그래서 그곳에 가본 한국인의 대부분이 그들에게 친근감을 느낀다.

자연도 친근하다. 푸른 하늘과 바다가 황량한 산악과 대조되는 풍경이 우리와 흡사하다. 그리스의 바위는 석회암이고 우리의 바위는 화강암이라는 차이는 있지만 국토의 대부분이 산이어서 땅의 산출물이 많지 않다는 점도 우리와 유사하다. 그래서 그런지 나는 유럽대륙의 어느 나라에서보다 그리스 땅에서 마음이 편했다.

특급 열차가 네 시간이나 늦게 출발한 탓에 밤늦게야 아테네에 도착했다. 세상에, 네 시간이나 늦게 출발하고 도착하다니! 더욱 놀라웠던 것은 우리의 간이역 정도밖에 안 되는 아테네 역의 규모였다. 그리스가 아무리 작은 나라라 해도 그렇지 수도의 역이 어쩜 그렇게 초라한지! 그러고 보니 건물이나 거리나 모든 게 초라했다.

그러나 나는 그 초라함이 좋았다. 유럽대륙의 거대함보다 그리스의 초라함이 너무나도 좋았다. 가령 파리의 에펠탑을 보라. 얼마나 촌스러운가! 거리의 미관을 해친다며 에펠탑의 건축에 반대한 모파상의 심정을 십분 이해할 만하다.

밤늦게 호텔을 찾기가 쉽지 않아 여기저기 찾아 헤매다가 결국 발을 삐었다. 아픈 다리를 끌며 겨우 화가 엘 그레코의 이름을 내붙인 허름한 호텔에 들었으나 정작 엘 그레코의 그림과 관련된 것은 흔적도 없다. 우리나라의 여관 수준이었으나 값은 비쌌다. 초라한 것은 좋지만 값이 비싼 것은 싫었다. 그래도 우리 호텔처럼 유치찬란하지 않아 다행이었다.

기차든 역이든 호텔이든 거리든 그리스의 겉모양은 모두 우리보다 훨씬 못하다. 인구가 5백만 명인 아테네도 마찬가지다. 신들이 사는, 2천 5백 년 된 고도라고 기대해서는 안 된다. 평양의 거리처럼 을씨년스럽고, 아직도 사회주의 냄새가 물씬 나는 콘크리트와 아스팔트의 도시에 불과하다. 유적은 그야말로 말 그대로 유적으로 도시의 구석에 조금 남아있을 뿐이다. 그것도 엄청나게 오염된 환경 속에 있어 너무나 처량하게 보였다.

저 유명한 아크로폴리스는 150미터 높이의 조그마한 언덕이다. 지금 그곳에는 그저 돌덩이에 불과한 신전이 몇 개 있다. 거기서 아테나 여신을 모셨다고 하나, 돌기둥 몇 개 외에는 정말로 볼 게 없을 정도로 초라했다. 그곳에 서면 뭔가 신비롭고도 압도하는 감동을 느낄 것이라 기대했지만, 대단한 감동은 없었다. 남들은 그곳에서 2천 5백 년 된 인류 역사를 잘도 느끼고, 고대 건

축물의 예술미에 감탄을 금치 못하던데 나는 덤덤하기만 했다. 내가 예술 감각도 전혀 없는 시골 무지렁이이기 때문일까.

그런데 며칠을 두고 보니 그리스인들도 파르테논이니 뭐니 하는 것들에는 별 관심이 없었다. 그런 것들에는 나 같은 외국인들이나 관심을 보일 뿐이었다. 현지 그리스인들은 모두 텔레비전으로 미국영화만 보고 있었다. 그것도 싸구려 포르노 같은 것들이었다. 수천 년 전의 문화로 먹고사는 지금의 그리스에는 문화가 없는 듯했다. 유럽 최초의 민주주의 국가였던 그리스는 지금 유럽 최후의 민주주의 국가가 됐다. 그리스가 군사독재에서 벗어난 해는 1974년이다. 물론 우리보다는 훨씬 빨랐고 스페인보다도 한 해 빨랐지만, 유럽에서는 스페인과 함께 거의 마지막이었다.

그리스의 거리 풍경은 우리와는 사뭇 다르다. 관광으로 겨우 먹고사는 형편이면서도 영어 간판이 없다. 안내 표시는 모조리 그리스어로 돼있기 때문에 대부분의 외국인은 그것을 읽지 못한다. 영어가 세계어라는 게 한국에서는 상식인데 이런 상식을 아는 세계적인 지식인이 그리스에는 아마도 없나 보다.

소크라테스를 만나다

내가 그리스에서 2천 5백 년의 역사를 맨처음 가슴으로 느낀 건 아크로폴리스 언덕에서 내려와 시장에서 소크라테스 같이 생긴 사람들을 만났을 때였다. 키가 작고 머리통이 큰 남자들. 그리고 보니 아테네의 도처에 소크라테스와 플라톤, 제우스와 비너스가 있었다. 그들은 그곳에서 먹고 마시고 웃고 싸우고 사랑하고 있었다. 외국인 관광객만이 오가는 언덕에서는 보지 못한 사람들이었다.

사실 그들은 역사도 음악도 먹는 것도 우리와 비슷하다. 나는 특히 고기와 야채를 꼬치에 끼워 구운 그리스의 전통요리 수블라키와 우리의 소주 같은 전통술 우조의 맛에 반했다. 그리고 민족악기인 부주키의 슬픈 가락에도. 노동계급의 빈곤과 애환의 정서를 담은 그들의 음악 렘베티카는 군사정권에 의해 금지됐다가 부활했다. 렘베티카는 1920년대 소아시아 난민의 음악이니 그리스 전통음악은 아니다. 하지만 그게 무슨 상관인가?

그래, 파르테논이나 아크로폴리스가 아니다. 바로 아고라와 시장으로 가라. 소크라테스도 비너스도 아니다. 그런 자들의 시신을 찾을 게 아니라 지금 거기에 살고 있는 사람들을 만나라. 바로 그들이 소크라테스이고 비너스다. 그들 속에서 그리스를 찾아라.

시장을 거닐다가 보기 싫게 배가 나온 늙은 대머리 군인과 마주쳤을 때 나는 불현듯 민주주의를 비난하던 소크라테스가 생각났다. 소크라테스는 칠십 평생 시장에서 말을 하다가 그 시장에 있는 민중법원에 고발되어 사형당했다.

그리스는 1941년 독일 나치스에 함락된 뒤 1949년까지 보수와 진보 사이에 내란이 계속됐다. 내란은 결국 1967년의 쿠데타로 이어져 군주정이 시작됐다. 1974년 군주정이 막을 내리고 민주화가 되었지만, 그것은 정치 민주화에 불과했다. 사회 민주화는 우리처럼 아직도 멀었다. 가령 결혼할 때까지는 부모와 동거해야 하고, 결혼은 거의 중매결혼이고, 지참금 풍습도 없어지지 않았고, 남성우월주의가 사회 곳곳에 남아있다. 물론 우리나라와 달리 법적으로는 지참금이 금지돼 있다. 이런 지극히 권위주의적이고 불평등한 가족문화는 군주정이 끝난 이후에도 오랫동안 그리스에서 비민주주의적인 정권이 유지될 수 있게 했다.

사실 사회 민주화 없는 정치 민주화는 속이 빈 강정에 불과하다. 나는 그리스의 그런 가족문화가 언제 어떻게 형성됐는지를 정확히 알지 못한다. 그러나 적어도 내가 플라톤을 읽은 바에 따르면 고대 그리스에서는 그렇지 않았다. 고대 그리스인은 결혼을 그다지 중시하지 않았고, 부모와 자식의 관계도 그렇게 돈독하지 않았다. 사회는 권위주의적이고 불평등한 가족문화에 근거하지 않았고, 도리어 그런 것들을 타파하기 위해 민주주의를 했다.

나는 옛날 민회가 열렸던 프닉스 언덕을 찾아갔다. 아테네의 관광택시 운전수도 잘 모르는 그곳은 아크로폴리스에서 바로 내려다보이는 곳에 있지만, 지금은 삼류 가수들의 공연장으로 이용되는 노천극장 정도에 불과하고 아무도 찾는 이가 없어 쓸쓸하다. 볼 것 없는 이곳에는 페리클레스를 비롯한 아테네의 수많은 시민들이 연설했던, 바위를 깎아 만든 3층의 좁은 연단만이 지금도 그대로 남아있다. 제우스신의 제단 역할도 했다는 그곳에 올라 과거 그곳에 있었다는 110미터 폭의 부채꼴 청중석과 그것을 완벽하게 둘러싸고 있었다는 옹벽을 상상해 본다. 그 청중석에 1만 명 이상이 앉아 직접민주주의를 했다고 한다.

프닉스 언덕에서 나는 2천 5백 년 전의 민주주의를 느끼고 싶었다. 이제는 모두가 불가능하다고 말하는 직접민주주의의 외침을 들으려 연단과 청중석을 열심히 왔다 갔다 했다. 그러나 아무런 소리도 들려오지 않았다. 역사의 메아리를 들을 수 있을 만한 비전이 내게는 없는 모양이었다.

그래도 소크라테스처럼 뭔가 신비로운 내면의 소리를 혹시 들을 수 있을지도 모른다는 기대감을 품고 다시 델피에 있는 아폴로 신전을 찾아갔다. 소크라테스가 평생의 격언으로 삼았다는 '너 자신을 알라'는 경구가 새겨져 있는 곳이다. 그러나 역시 헛수고였다. 그곳에도 수많은 신의 돌덩이들이 있었으나, 나에게는 그 돌덩이들이 아무런 소리도 내지 않았다.

델피는 버스를 타고 아테네의 북서쪽으로 세 시간 정도 간 곳에 있었다. 이곳을 성스럽다고들 하지만, 솔직히 말해 나는 성스러운 감동을 느끼지 못했다. 도리어 소크라테스가 살던 시대에 신탁을 받는 방법이 어떤 것이었는지를 듣고 섬쩍지근했다. 당시의 무당은 쉰 살이 넘은 농촌 여성이 담당했는데 신탁을 받기 위해 그가 했다는 행위는 우리의 무당이 하는 굿보다 더 섬뜩했다. 무당은 지면의 갈라진 틈에 앉아 있다가 그곳에서 연기가 솟아오르면 그 연기를 마시면서 숨을 헐떡이고 몸부림치다가 광란

상태에 빠진다. 이때 신탁을 받기 위해 온 사람들은 정면에 있는 제단에 양이나 염소 같은 희생물을 바치고 제사를 올린 뒤 남자무당을 통해 신탁을 청한다. 그러면 여자무당이 신의 말이랍시고 뭐라고 중얼거리고 남자무당이 그 말을 해설한다. 이렇게 해설된 신탁이 '너 자신을 알라'였다.

그리스인들은 각자가 절대자 앞에서 혼자 살아가는 존재라거나 그의 구원을 받아야 할 존재라고 생각하지 않았다. 그들은 신이란 그냥 사람들과 함께 사는 존재라고 여겼다. 단, 불멸의 존재인 신과 유한한 존재인 인간을 구별해야 한다고 생각했다. 바로 여기에서 '너 자신을 알라'는 말이 생겨났다.[12] 이 말은 자신이 가진 지식의 한계, 즉 무지를 깨달으라는 뜻이다. 소크라테스는 칠십 평생 사람들에게 이것을 일깨우고 다녔다고 한다.

소크라테스식 대화는 대화가 아니다

소크라테스는 사람들로 하여금 스스로의 무지를 깨닫게 하기 위해 문답식 대화법을 사용했다. 이 대화법은 오늘날 소크라테스 대화법 또는 산파술로 불린다. 그는 자신의 무식함을 유식함으로 자랑했을 뿐만 아니라 남의 무식함을 폭로하기를 좋아했다. 일단 질문을 던져놓고는 그 다음부터 말꼬리를 잡고 늘어지는 통에 그에게 걸려든 상대는 기가 질리지 않을 수 없었다. 많은 사람들이 이를 소크라테스 철학의 방법론이라며 칭찬의 말을 늘어놓지만, 그것은 자기 자신이 당해보지 않았기 때문에 쉽게들

하는 말이리라.

이른바 소크라테스식 대화법은 막가파식 대화법이 되기 십상이다. 말로 하는 협박이나 위협은 칼이나 총을 들지 않고 하는 것이라도 대단히 무섭다. 가령 누군가가 10년 전의 일을 꼬치꼬치 캐물으며 두고두고 괴롭힌다고 하자. 게다가 폭력까지 휘두른다고 하자. 정말 끔찍한 일이 아닐 수 없다. 그러니 소크라테스식 질문법을 철학의 기본이니 뭐니 하며 함부로 권해서는 안 된다.

소크라테스식 질문법에 대해 내가 아는 한 유일하게 비판한 사람은 《교양》이라는 책으로 우리나라에서는 물론 세계적인 베스트셀러 작가가 된 디트리히 슈바니츠다. 나는 백과사전의 요약에 불과한 《교양》이라는 책을 좋아하지는 않지만 소크라테스에 관한 한 그에게 동의한다. 그는 먼저 소크라테스의 질문을 다음과 같이 묘사한다.

그는 상대방과 대화할 때 자신은 아무것도 모르는 체하고, 확신에 차 있는 상대방에게 그 확신이 과연 얼마나 확실한지에 대해 물었다. "크리타스 씨, 조각가가 여기 조각품 앞에 서 있지요?" "물론이지요." 그는 이런 자명한 질문에서 시작해서 그 다음에도 계속되는 질문으로 상대방을 걷잡을 수 없는 모순에 빠져 비틀거리게 했다. 그리고는 완전히 혼란스러워지고 풀이 죽은 상대방에게 마침내 자신의 확신이 일종의 무지였음을 깨닫도록 만들었다.[13]

슈바니츠는 《교양》의 마지막 부분에서 사람이 알아서는 안 되는 것 중 하나로 소크라테스식 질문법을 꼽았다.[14] 소크라테스처럼 질문해서는 절대로 안 된다는 것이다.

교양과 절대로 양립 불가능한 것은 모든 종류의 허풍이다. 교양을 자랑하는 허풍도 허풍은 허풍이다. 교양은 과시되지 않으며 칭송을 받으려 기를 쓰지 않는다. 상대방의 지적 부족함을 드러내기 위해 소크라테스식으로 질문하는 것은 절대로 안 된다. 속물성을 드러내는 그런 행동은 자신의 교양이 거짓임을 드러낸다. 교양은 문화인다운 행동을 포함한다. 교양의 본래 목적은 인간의 삶을 풍성하게 하는 자연스런 대화다.[15]

그렇다. 나는 플라톤의 대화편을 읽을 때마다 셰익스피어를 읽을 때처럼 자연스럽지 못해 불편하다. 그 '대화'라는 것이 자연스럽기는커녕 무고한 사람을 범죄혐의자로 몰아 억지스럽게 추궁하는 것처럼 보이기 때문이다. 그 누구도 우리를 무고하게 추궁할 권리를 갖고 있지 않다.

추궁하는 자와는 대화를 할 수 없다. 범죄의 심문을 대화라고 할 수 없다. 그것은 문답일 수는 있어도 대화는 아니다. 따라서 소크라테스를 대화술의 대가라고 불러서는 안 된다. 문답에 의한 수사의 대가라면 모를까. 그는 철학의 스승이 아니라 검찰이나 경찰식 수사 또는 변호사식 증인심문의 대가로 불려야 한다.

그런데 세계적인 '교양의 대가'라는 슈바니츠가 그런 식으로 질문을 하는 소크라테스를 교양 없는 속물로 비난해 놓고는 다른 곳에서는 그것이 "철학이 무엇인지를 선명하게 보여준다"[16]고 했다. 그렇다면 교양의 대가인 슈바니츠가 철학이란 교양 없는 속물들이나 하는 짓거리라고 말하는 것인가? 슈바니츠는 철학을 교양의 가장 중요한 부분으로 생각하는 사람이니 그럴 리가 없다. 그러나 그런 그가 소크라테스를 결코 교양인으로 생각하지 않음을 우리는 《교양》의 마지막에 나오는 다음 결론에서도 알 수 있다.

> 교양은 의사소통을 어렵게 해서는 안 되며, 풍성하게 해야 한다. 따라서 교양은 억압적 표준, 불쾌한 과제, 경쟁의 형식, 심지어 자신을 거룩하게 만들려는 교만이 되어서는 안 된다. 교양은 독립해서는 안 되며 테마가 되어서도 안 된다. 교양은 인간의 상호 이해를 즐겁게 해주는 의사소통의 양식이다. 요컨대 교양은 정신과 몸, 그리고 문화가 함께 하나의 인격체가 되는 형식이며, 다른 사람들의 거울 속에 자기를 비추어보는 형식이다.[17]

그런 교양인은 바로 소크라테스가 살았던 고대 그리스의 이상적인 인간상이었다. 그러나 소크라테스는 그런 교양인이 아니었을 뿐만 아니라 그런 교양인 되기를 거부했다. 더 나아가 그는 모든 사람이 전문가가 되고, 특히 전문가 중에서도 철학전문가인 철인이 독재자가 되어 정치를 하는 이상국가를 수립해야 한다고 주장했다.

여하튼 교양 없는 소크라테스는 칠십 평생 그런 철학을 하고 다녔다는 이유로 사형을 당했다. 그가 재판을 받은 곳은 판사가 5백 명이나 되는 민중법원이었다. 인류 역사상 처음이자 마지막인 민주주의 법원.

반민주주의자 소크라테스

'철학의 아버지'라는 소크라테스는 철학을 모르는 무지한 5백 명의 인간들에 의해 죽었다고 한다. 그 5백 명이 철학을 몰랐다는 점은 사실 문제가 안 된다. 철학을 안다고 해서 반드시 재판을 잘하는 것이 아니기 때문이다. 오늘날 재판관이 되고자 하는 사람들에게 사법시험이라는 세상에서 가장 어려운 시험을 통과하도록 요구하지만, 그 시험과목 중에 철학은커녕 법철학도 없는 것을 봐도 그렇다.

물론 윤리적으로 문제 있는 법조인들이 있다는 등의 이유로 법철학을 사법시험 필수과목에 포함시켜야 한다는 주장도 있으나, 내가 보기에는 법철학을 공부한다고 해서 비윤리적인 사람들이 윤리적인 법조인으로 변할 것 같지는 않다. 이는 민주주의의 장전인 헌법을 배우는 법대 학생들이 민주화 운동에 앞장서기는커녕 전혀 민주주의적이지 않은 엘리트주의에 젖어 소위 육법당(陸法黨)이라고 하는 독재군인과 결탁하거나 그 하수인이 되어 군사독재의 중심세력이 됐던 것을 보면 잘 알 수 있다.

나는 지난 26년간 법대에서 법을 가르쳐왔는데, 사법시험에 합격한 학생들이 반드시 훌륭한 법조인이 됐다고 생각하지 않는다. 도리어 사법시험에 합격하지 못한 학생들 중에 훌륭한 사람이 더 많았다고 생각한다. 특히 내가 법을 처음 공부하기 시작한 1970년대 초부터 지금까지를 돌이켜보면 내가 아는 훌륭한 사람들 중에 사법시험에 합격한 사람은 거의 없다. 물론 조영래 변호사를 비롯해 예외가 없는 것은 아니나, 그런 이들은 그야말로 예외로서 전체의 1퍼센트도 안 된다.

나머지 99퍼센트는 그 험악했던 세월인 1970~1990년대에 잔혹한 권력에 대해 한 치의 회의도 하지 않고 권력자가 되는 길의 하나인 사법시험에 매진했다. 그들이 사법시험에 합격하고 나서 어떤 법조인이 됐는가를 보면 그들이 사법시험에 매달린 뜻을 명확히 알 수 있다. 물론 모두가 사법시험에 합격하는 것은 아니다. 사법시험 준비생 중 대부분은 시험에서 떨어져 교수가 되기도 하고 직장인이 되기도 한다. 그러나 그들의 의식도 마찬가지다.

1970~1990년대의 이런 모습은 1970년대 이전의 우리 사회나 일제시대, 아니 그보다 훨씬 더 전의 봉건사회와도 그리 다르지 않은 것이었다고 나는 생각한다. 어느 시대에나 훌륭한 극소수는 올바른 나라를 세우기 위해 싸웠으나, 대부분은 과거니 사법시험이니 하며 개인의 영달만을 위해 매진했다. 그런 대부분이

결국 무엇을 하고 살았는지는 명확하다.

우리는 학생들을 오직 성적순으로 뽑는다. 다른 나라에서는 대학에 진학하기 전의 여러 가지 사회활동, 특히 봉사활동 같은 것을 대학입시의 중요한 평가요소로 보기도 한다. 하지만 우리는 얼마 전까지도 그런 것을 알지 못했고, 최근에야 그런 것이 일부 도입되고 있으나 지극히 형식적이다. 초중고 교육 자체가 그런 봉사를 중시하지 않기 때문이다.

법대에 들어오는 아이들은 성적이 우수하다. 성적이 우수하다고 해서 반드시 이기적이고 영악하다고 말할 수는 없지만, 대체로 보면 그렇다. 그래서 나는 솔직히 말해 그런 아이들이 싫다. 물론 이기적이고 영악하다는 것은 법대 학생만이 아니라 모든 대학생의 요즘 풍조이긴 하지만, 특히 법대 학생들이 그렇다.

그런 아이들이 10년 정도 세상일에는 철저히 눈을 감고 오로지 이기적인 심성으로 법전과 교과서를 달달 외워 사법시험에 합격하고 나서 몇 년 뒤 판검사가 됐을 때 훌륭한 재판을 할 수 있을까? 나는 그런 사람들을 '전문가 바보'라고 부른다. 나는 그들을 결코 교양인이라고 생각하지 않는다.

교양인을 간단히 '사상이나 음악, 미술, 문학에 대한 상식을 갖춘 사람'이라고 이해하면, 전문가 바보들도 토막지식쯤은 갖고 있을 테니 교양인에 넣어주어야 할지도 모른다. 그러나 그들에게서는 그런 사상이나 예술이 궁극적으로 추구하는 유연한 정신을 도무지 찾아볼 수 없다. 그들은 억지와 궤변, 그리고 막가파식 고집만 가지고 있을 뿐이다. 내가 보기에 이런 점은 법조인이나 교수와 같은 전문직일수록 더욱 심하다.

반면 그리스인들은 모두가 스스로 교양인이라고 생각했다. 그들은 다른 일과 마찬가지로 재판도 누구나 담당할 수 있다고 생각했다. 교양인으로서의 이런 자기의식은 그들 대부분이 우리의 초중고에 해당하는 교육을 받고 군대를 다녀와서 시민의 자격에 걸맞은 일을 10년 이상 했다는 전제 위에 서 있는 것이었으므로 인정할 만하다.

그리스인들은 시민이 재판에 참여하는 것을 당연시했다. 지금도 대부분의 나라에 그런 생각이 남아있다. 유일한 예외의 나라가 대한민국이다. 이 때문에 대한민국에서는 소크라테스를 죽인 민중에 대한 불만이 몹시 크다. 특히 소크라테스를 스승으로 모시는 철학자나 학자들이 그렇다. 아마도 법조인이나 법학자들도 그러리라. 그들 역시 민중법원은 결코 허용할 수 없으며 법조인은 대단한 전문가여야 한다고 생각하기 때문이다.

사실, 우리가 민주주의라고 부르는 것에는 문제가 많다. 민주주의의 원리라는 다수결이 반드시 옳은 것인지도 의문이다. 2천 4백 년 전에 소크라테스는 다수결에 의해 사형에 처해졌다. 지금은 그 결정이 옳았다고 생각하는 사람보다 그런 결정을 한 대중이 우매했다고 생각하는 사람이 훨씬 더 많다. 그리고 소크라테스는 철학의 순교자로, 심지어 성인으로까지 받들어진다. 소크라테스가 반민주주의자여서 민주주의를 지지하는 대다수 시민에 의해 사형을 당했다는 진실은 알려져 있지 않다.

마찬가지로 반민주의자인 이승만, 박정희, 전두환, 노태우는 다수결에 의해 자신의 정권을 정당화했다. 그동안 우리의 다수결이라는 것은 충분한 사상과 언론의 자유에 입각한 무제한의 토론이 없는 가운데 독재정권에 의해 사실상 강요된 것이었기에 참된 다수결이 아니었다고 보는 입장이 있다. 그리고 이와 반대로 독재가 다수결을 통해 대중의 지지를 받은 것이므로 대중에게도 그 책임이 있다고 보는 입장도 있다. 전자는 대중무책임론, 후자는 대중책임론이다.

그러나 '충분한 사상과 언론의 자유에 입각한 무제한의 토론'이 이루어진다고 해서 다수결이 언제나 반드시 옳은 결론에 이르게 되는지는 의문이다. 우선 사상과 언론의 자유가 어느 정도여야 '충분'하다고 말할 수 있는지에 의문이 있다. 만약 미국을 비롯해 오늘날 민주주의의 선진국이라는 나라들에서는 충분한 사상과 언론의 자유가 보장되고 있다고 본다면 다수결 자체에도 문제가 있다. 최근의 미국 대통령 선거에서 다수결로 부시가 재선됐다는 사실을 문제시하는 견해가 제기되는 것도 이런 맥락에서다.

다수결과 함께 민주주의의 원리를 이룬다는 충분한 사상과 언론의 자유에 입각한 무제한적인 토론이 반국가적이거나 반사회적인, 특히 반민주적인 것까지 허용하는지도 문제 삼을 수 있다. 가령 민주주의에 반하는 독재찬양까지 허용할 것인가? 더 나아가 충분한 사상과 언론의 자유에 입각한 무제한적인 토론 그 자체에 대한 반대까지 허용해야 할 것인가?

분단상황에서는 국가보안법으로 사상과 언론의 자유를 침해해야 할 필요성이 있다는 주장이 있다. 이와 다른 이야기이긴 하지만 민주주의 국가에서도 전쟁 또는 국가위기의 시기에 사상과 언론에 대해 일정한 규제를 가하는 경우가 있다. 일례로 소크라테스도 일흔 살까지 사상과 언론의 자유를 보장받으며 살았지만, 민주주의를 전복시켰던 30인 독재자들의 과두정부가 붕괴되고 다시 민주주의가 부활하자 과두정부에 가담했다는 혐의로 재판을 받았다.

소크라테스가 반민주주의자였음은 이 책에서 밝히듯이 명확한 사실이고, 굳이 이 책이 아니라 해도 이미 어느 정도는 밝혀졌다. 그러나 철학자들은 이런 사실을 그리 중시하지 않는 듯하다. 소크라테스는 그의 제자인 플라톤이 전하듯 철인왕이 지배하는 이상국가를 꿈꾸었다. 다시 말해 반민주 전제국가를 꿈꾸었던 것이다. 그러고 보니 니체와 하이데거에 이르기까지 많은 철학자들이 반민주주의자였다.

소크라테스 재판이 문제가 되는 이유

2천 4백 년 전에 벌어진 소크라테스 재판은 우리 시대의 민주주의에 대해 여러 가지로 생각할 거리를 제공한다. 소크라테스 재판은 그의 반민주주의 철학과 직접 관련된 것이었다. 이런 점에서 이 책은 소크라테스의 철학과 그 재판에 대한 논의라고 할 수 있다.

만일 소크라테스가 사형당하지 않고 "무죄로 방면돼 평온하게 일생을 마쳤다면, 지금쯤 보잘것없는 옛 아테네의 기인으로서 희극시인들이 즐겨 다룬 인물로나 기억됐을지 모른다"고 스톤은 《소크라테스의 비밀》에 썼다.[18] 그렇다면 소크라테스는 사형을 당했기 때문에 '철학의 아버지'라고 불리는 것일까? 만일 그렇다면 소크라테스를 지금처럼 대단한 사람으로 다루는 데는 문제가 있다.

나는 그가 철학의 아버지라고 생각하지 않는다. 소크라테스가 정말로 철학의 아버지라면 사형당해 죽지 않았어도 철학의 아버지여야 한다. 스톤은 소크라테스가 예수처럼 순교해서 불멸의 삶을 얻었다고 한다. 그러나 소크라테스가 순교했다니, 이게 무슨 소리인가? 그가 철학을 위해 죽었다는 것인가? 여기서 우리는 왜 소크라테스가 고소를 당했는지를 그 시대의 사회사에 비추어 살펴볼 필요가 있다.

내가 쓰는 이 책은 동서양의 고전을 사회사적 관점에서 재조명하는 작업 중 하나다. 소크라테스에 대한 종래의 연구는 그 시대의 사회사, 특히 그 시대의 민주주의 전개와는 무관하게, 또는 그 민주주의에 대한 부정적인 평가를 전제로 해서 소크라테스의 삶이나 철학에만 집중하는 방식으로 이루어져왔다. 그 결과 소크라테스에 대한 재판은 마치 그리스의 민주주의와는 별개인 것처럼, 또는 어리석은 민중에 의해 잘못 저질러진 것처럼 다루어져 왔다.

그러나 모든 인물이나 사상은 그것이 존재했던 시대의 사회사와 연관지어 하나의 고리에서 바라봐야 한다. 마찬가지로 소크라테스 역시 그가 살았던 당시의 아테네 민주주의와 무관하게 다루어질 수 없다. 그럼에도 불구하고 아테네 민주주의를 일방적으로 무시하거나 부정적으로 평가하는 가운데 소크라테스 재판이 마치 정치적인 희생양을 만든 재판인 양 다루어져 왔다.

나는 먼저 1장에서 우리가 왜 소크라테스에 대해 다시 질문을 던져야 하는지를 살펴보고, 2장에서 그리스 민주주의가 어떻게 시작되고 전개됐는가를 면밀하게 검토하고, 3장에서 소크라테스가 어떻게 살았는지를 살펴본다. 이어 4장에서는 그러한 맥락 속에서 소크라테스가 왜 재판을 받게 됐는가를, 5장에서는 그가 어떻게 죽었는가를 검토한다. 그리고 마지막으로 6장에서는 그가 죽은 뒤에 그리스 민주주의가 끝나게 되는 과정을 간단하게 살펴본다.

1장 | 왜 소크라테스 재판인가?

철인정치론에 숨겨진 함정

플라톤은 그 옛날 철인정치를 제창했거니와 우리 대통령이야말로 철인정치의 표본이다. 일찍이 역사상 보기 드문 철학자요 예언가임을 우리는 그의 탁월한 리더십에서 역력히 찾아볼 수 있다.

위 글은 철인이 대통령이 된 다른 어떤 나라의 이야기가 아니라, 철인이 대통령이 된 적이 한 번도 없는 대한민국의 이야기다. 그것도 미국 대학에서 국제정치학을 전공하고 철학박사 학위를 딴 이승만이나 서울대 철학과 출신인 김영삼에 대한 용비어천가가 아니다.

위 글은 1970년대 초의 소위 유신시대에 당대의 내로라하는 교수 아홉 명이 집필해 대량으로 배포한 책《민족의 등불》에 들어있는 구절이다. 바로 친일과 변절, 쿠데타와 독재, 정보와 협잡의 정치로 '민족의 암흑'을 초래한 박정희에 대한 찬가다. 그를 철인이라고 했으니, 철학박사 학위를 딴 이승만이나 철학과 출신인 김영삼은 그들이 보기에 진짜 철인일 수밖에 없었을 것 같기도 하다.

사실이 그랬던 모양이다. 내가 아는 어떤 국내의 서양철학자는 철학자가 대통령이 되면 완벽한 정치가 이루어진다고 믿어서 철학과 출신인 김영삼이 대통령이 되기를 고대하고 평생 처음으로 선거운동까지 했다. 마침내 김영삼이 대통령이 되자 그는 이제 비로소 철인정치의 세상이 왔다면서 너무나도 기뻐하며 평생 처음이자 마지막으로 나에게 술을 샀다.

그는 철학자인 안호상이 이승만 밑에서 장관을 지내고, 역시 철학자인 박종홍이 박정희 밑에서 청와대 특보를 지내며 국민교육헌장을 제정한 것에 대해서도 무한히 자랑스러워하며 술을 진탕 마셨다. 그런 그가 이승만, 박정희 그리고 김영삼을 찬양한 것은 어쩌면 당연한 일이었다. 철학과는 아무런 관련이 없는 박정희까지 그가 찬양했던 것은, 박정희가 박종홍이라는 한국 철학계의 거물을 특별보좌관으로 채용한 것을 철인적 기질의 발로라고 본 탓인지도 모르겠다.

그 철학자는 전두환과 노태우는 외면했다. 하지만 전두환과 노태우도 만약 철학을 공부했더라면 역시 그의 존경을 받았을 것이다. 오호, 통재라! 그 철학자에게 있어 전두환과 노태우가 지닌 문제점은 5.18 광주민주화운동에 대한 유혈탄압이나 독재에 대한 게 아니라 오로지 그들이 철학을 공부하지 않았다는 점 뿐이었다. 그가 전두환이나 노태우를 외면했을 뿐 비난한 적은 전혀 없는 것을 보면, 그들이 어딘가에서 명예 철학박사라도 받았기 때문인지도 모르겠다. 나는 그 철학 교수가 그런 식으로 수여되는 명예 철학박사는 명예로운 게 아니라고 생각할 정도의 철학은 지녔으리라 믿고 싶다. 어쨌든 전두환이나 노태우는 평생 철학 같은 것은 꿈도 꾸어보지 않았으리라. 어쩌면 감옥에서는 잠깐이나마 철학적 사색을 했을지 모른다. 다른 할일이 없었을 테니.

그 철학자와 처음이자 마지막으로 술을 마신 지도 벌써 10여 년이 지났다. 그리고 그가 플라톤의 철인정치를 구현했다고 평가한 박정희가 살해된 지도 26년이 지났다. 박종홍이 국민교육헌장을 만든 때로부터는 30년이 훨씬 넘었다. 그러나 정작 플라톤의 철인정치라는 것이 무엇인지를 알기 위해 필요한 최소한의 자료인 플라톤의 저작들은 지금까지도 우리나라에는 제대로 소개돼 있지 않다.

박정희는 몰라도 박종홍은 오랫동안 서울대 철학과 교수였으니 적어도 영어나 일어 번역판으로라도 플라톤을 읽었으리라. 위에서 인용한 《민족의 등불》의 필자들도 그랬으리라. 그러나 서양에서는 대학 1학년생이면 반드시 읽는 고전인 플라톤이 우리나라에서는 지금까지도 제대로 번역조차 돼있지 않다. 그러니 플라톤이고 소크라테스고 간에 우리는 제대로 할 말도 없는 실정이다.

플라톤은 서양철학, 나아가 서양학문의 근원이라고 하는데, 백 년 넘게 서양학문을 해온 이 나라에서 플라톤의 저작들이 아직도 제대로 번역돼 있지 않음은 무엇을 의미하는가? 나는 박종홍이 청와대에 들어가 국민교육헌장을 만들지 말고, 차라리 대학 연구실에 앉아서 철학의 고전을 한 권이라도 제대로 번역했으면 좋았으리라고 안타까워한다. 그는 그런 책 한 권 제대로 남기지 못했다.

우리나라에서는 철학을 비롯한 여러 학문분야의 교수들이 정치에 관여하는 전통이 안호상이나 박종홍 뒤에도 끝없이 이어졌다. 정치학이나 경제학 또는 법학과 같은 분야의 학자들은 정치에 관여해도 괜찮지만 철학 분야의 학자들은 정치에 관여하면 안 된다고 말할 생각은 추호도 없다. 다만 학문과 현실의 정치나 경제 사이에는 구분이 필요하다. 학문의 세계란 원리의 세계로서 현실에 대한 비판을 그 생명으로 삼는 것이므로 독자성이 유지돼야 하기 때문이다.

또 한 사람의 저명한 철학교수인 이규호가 전두환 정권에 투신해서 이런저런 좋지 않은 평가를 들은 바 있다. 그에 대해 내가 알고 있는 것은 그가 프롬의 《건전한 사회》에 키워드로 나오는 노동조합(trade union)을 '무역협회'로 번역한 사람이란 것 정도다. 어쨌든 그에 대한 평가가 좋지 않았기 때문인지, 아니면 1980년대부터 세상이 조금씩 변하기 시작한 탓인지, 철학 교수들이 정권의 품에 안겨 사랑을 받는 '지혜 사랑(이것이 철학의 본래 뜻이라고 한다)'의 시대는 한때 끝난 듯했다. 하지만 그 뒤에도 정권의 품에 안기는 철학자가 없지 않았다.

1980년대 후반에는 사회민주화 덕분으로 대학의 총장, 학장 직선제가 시작되면서 학과 중심의 학내 정치세계가 형성되기 시작했다. 그 후 대학에서 총장을 직선한 지 20여 년이 다 돼가는데도 그 선거판은 시장골목의 친목회장 선거는 물론이고 초등학교 반장 선거보다도 못한 수준을 유지하고 있고, 일부 교수들은 여전히 자기가 속한 학과나 단과대학 위주로 투표를 하는 경향이 있다. 마치 대통령 선거에서 일부 사람들이 자기가 다닌 대학이나 학과 출신 후보를 무조건 밀듯이.

특히 최근에 인문학 위기론이 제기되자 일부 인문대 교수들이 인문대학 출신을 대학 총장으로 뽑아야 한다고 주장하는 것을 흔히 보게 된다. 간혹 법대 교수들이 영어나 국어를 법률영어, 법률문장론으로 바꿔 강의하려고 하면, 인문대 교수들이 나서서 인문학을 전공하지 않은 법대 교수들은 그런 강의를 할 수 없다고 주장한다. 소위 교양과목 강의를 독점하려는 속셈이다.

우리나라 대학에는 어느 대학을 막론하고 철학과, 사학과, 국문과와 각종 외국문학과 등 인문학과들이 설치돼 있다. 인문학은 학문의 대종이기에 반드시 그런 학과들이 설치돼야 한다는 것이다. 특히 철학은 모든 학문의 왕이기 때문에 반드시 대학에 철학과를 두어야 한다는 주장도 있다. 그러나 대부분의 대학 인문대 졸업생들은 자신의 전공을 살리기는커녕 전공과는 아무런 관계도 없는 일에 종사한다. 그래서 그런 학과 학생들은 대학에 다니면서 취업을 위한 공부를 별도로 해야 한다. 그것도 시중의 비싼 학원을 다니면서.

그런데 외국 대학의 실정은 우리와 사뭇 다르다. 예컨대 미국의 4천여 개 대학 중 인문대를 두고 있는 대학은 몇 백 개도 안 된다. 졸업해봐야 취직하기가 어렵다는 사실을 잘 아는 학생들이 인문대를 기피하기 때문이다. 우리나라에서도 사정은 마찬가지이나, 입시경쟁이 치열하고 학과별 정원이 있으므로 입시성적이 낮은 학생들은 울며 겨자 먹기로 인문대에 입학하고 그곳을 졸업해야 한다.

철인정치를 주장한 플라톤과 그 스승인 소크라테스가 이 모든 현상의 원흉이라면 지나친 말일까? 소크라테스는 수제자인 플라톤과 함께 철인정치를 주장했다. 지금 우리 시대에는 그런 주장을 해도 사상과 언론의 자유가 있으니 법적으로야 무방할 것이나 사회적으로는 비판받을 것이 틀림없다. 독재가 죽어도 싫은 나 같은 사람은 설령 소크라테스가 대통령이 된다 해도 싫다. 나는 이승만, 김영삼, 박종홍도 전두환이나 노태우만큼 싫다.

물론 그런 사람이라도 그에게 사형을 선고하는 것은 더욱 싫다. 아니, 싫고 좋고를 떠나 말도 안 된다. 2천 4백 년 전의 그리스에서라면 그런 종류의 사람들에게 어떻게 했을까? 만일 그런 사람을 사형에 처하는 것이 당시의 상식이었다면 사형에 처했을 수도 있지 않았을까? 당시의 그리스 사회에서 소크라테스가 바로 그런 사람이었을지도 모른다.

나는 이 책에서 매우 일반적인 견해와는 반대로 소크라테스를 변론하려고 하지 않고 도리어 그리스 민주주의를 변론하고자 한다. 솔직히 말해 나는 소크라테스와 결별하기 위해, 소크라테스를 아버지로 섬기는 철학과 결별하기 위해 이 글을 쓴다. 소크라테스를 죽인 그리스 민주주의를 옹호하기 위해, 그 민주주의를 신봉한 그리스 사람들을 변호하기 위해 이 책을 쓰는 것이다.

박정희를 플라톤이 말한 철인정치가로 비유한 책《민족의 등불》이 발간될 무렵 나는 소위 중앙정보부의 정보원을 만난 적이 있다. 철학과 출신이라는 이유로 중앙정보부에서 철학자라는 별명으로 불렸다는 그는 내가 다닌 대학을 담당하는 정보원이었던 것 같다. 그는 꽤나 철학적인 용어를 자주 사용해 평소에는 경계의 대상이 되지 않았다. 그러나 결국 나는 그에 의해 밀고당해 중앙정보부에 끌려가서 혹심한 고문을 당하면서 비로소 그의 정체를 알게 됐다.

그런 나의 경험은 특수한 것이었다. 나는 중앙정보부에 철학과 출신이 많았는지 어땠는지 모른다. 설령 철학과 출신이 많았다고 해도 그것이 박정희 정보정치의 본질과 관련이 있다고 말할 수 없음은 물론이다.

그러나 정보정치는 철인정치와 관련이 있다. 정보정치는 역사적으로 시라쿠스와 같은 그리스 도시국가에서 참주정이 등장한

초기부터 발전했기 때문이다. 특히 플라톤은 시라쿠스에 가서 친구인 참주(僭主, 이를 국어사전은 '분수에 넘치게 스스로 왕이라고 일컫는 임금'이라고 해설하나 코미디다. 우리 국어사전은 그야말로 개그사전이다), 아니 정확히 말하면 독재자인 디오니시우스 2세를 철인왕의 모델로 만들려고 했던 적이 있다.[19]

물론 플라톤이 그의 이상국가인 철인왕국을 스스로 정보정치의 체제라고 묘사한 기록은 없으므로, 그리스 도시국가의 정보정치를 플라톤 탓으로 돌릴 수는 없다. 그러나 적어도 소크라테스나 플라톤은 역사에서 무수히 많았던 사상검열관들의 아버지임에는 틀림없다. 플라톤은 《국가》에서 소크라테스의 입을 빌려 고대 그리스 시인인 호메로스의 저작 중 트로이 원정군의 총사령관인 아가멤논을 다소 덕망이 없는 인물로 묘사한 부분, 특히 트로이 전쟁의 영웅 아킬레우스(라틴어식 발음은 아킬레스)가 아가멤논을 비난한 부분 등을 삭제해야 한다고 주장했다. 또 민중에게 절제를 통해 자신의 욕망을 다스리고 통치자에게 복종할 것을 요구했다.

철학자와 나의 악연은 여러 가지로 많으나 하나만 더 소개하겠다. 내가 대학 1학년 때 한 동급생이 북한방송을 들었다는 이유로 국가보안법에 걸려 재판을 받은 적이 있다. 그런데 그 대학의 교양학부장인 철학교수가 재판에 증인으로 출두해 그 학생을 공산주의자라고 증언했다. 분노한 나는 친구들과 함께 농성을 벌이고, 그 교양학부장의 사퇴를 요구했다. 당시 그는 사퇴했고,

재판을 받은 학생은 무죄로 풀려났다.

그로부터 10여 년이 지난 1981년에 나는 그 대학의 전임교수를 뽑는 심사에서 최종 후보로 올라갔다. 그런데 위 재판에서 제자를 공산주의자로 몰았다가 사퇴했던 바로 그 교수가 다시 복직해서 교무처장이 돼 있었다. 그는 10여 년 전에 자기를 능멸했던 나를 절대로 뽑을 수 없다고 했다. 결국 나는 다시 10년이 더 지난 1991년에야 대학 민주화의 덕을 입어 겨우 그 대학에 자리를 얻을 수 있었다. 이런 일은 지금도 계속 되풀이되고 있다. 대학은 조금도 변하지 않았다.

10년이면 강산도 변한다는 옛말을 빌릴 것도 없이, 10년이면 아무리 흉악한 범죄라도 시효에 걸려 처벌할 수 없다는 법 상식을 빌릴 것도 없이, 교수를 채용하기 위해 후보자를 가릴 때 10여 년 전 학생시절의 '실수'가 아니라 현재의 인간 됨됨이를 기준으로 판단해야 한다는 상식을 이야기할 것도 없이, 다른 사람의 일방적인 주장만으로 어떤 사람을 판단해서는 안 된다는 법의 기초를 떠올릴 것도 없이, 10여 년간 학생들을 가르친 교수로서의 자존심을 거론할 필요도 없이, 과거 마녀재판의 악습을 거론할 필요도 없이, 빨갱이는 영원히 빨갱이라는 본질론 정도도 아닌, 데모를 한 학생은 영원히 구제받을 수 없다고 하는 그 배타성이 너무나도 절망스러웠다. 교육을 통해 인간을 발전시킬 수 있다는 믿음을 가진 교육자로 살고자 하는 사람으로서 나는 교육자가 아니라 개인적 원한에 사무친 권위자, 응징자, 복수자, 처형자인 그에 대해 절망할 수밖에 없었다.

물론 위에서 말한 정보원이나 교수가 철학을 전공했기에 나에게 그랬던 것은 아닐 것이다. 그러나 두 사람으로 인해 나는 대학시절은 물론 그 후에도 오랫동안 철학과 철학자에 대해 편견을 갖게 됐다. 동시에 안호상과 박종홍, 그리고 나치에 협력한 하이데거나 나치의 정신적 지주가 됐다는 니체에 대해서도 나는 오랫동안 불편한 심정을 가졌다.

대학은 노예제 사회인가?

1980년대 후반부터 시작된 우리의 민주화는 더 이상 전과 같은 군사독재를 허용하지는 않을 것이나, 그래도 여전히 많은 문제점을 갖고 있다. 그중에서도 가장 중요한 것은 지배층의 권위주의다. 정치나 경제 또는 사회에서 나타나는 지배계층의 권위주의라는 문제점은 이미 상당부분 지적됐고, 아직 여전한 구석도 있지만 어느 정도는 시정되고 있기도 하다. 그러나 대학을 비롯한 문화계에 도사리고 있는 권위주의의 문제점은 그것을 덮고 있는 독특한 버터 냄새와 함께 시정되기는커녕 지적조차 제대로 안 되고 있다.

가령 지금 우리 사회에 존재하는 불평등의 가장 현저한 사례인 비정규직 문제를 생각해보자. 전체 노동자의 절반 이상이 비정규직이고 그들의 임금이 정규직 평균임금의 절반 정도밖에 안 된다는 문제점은 이미 여러 번 지적됐다. 그러나 이런 비정규직의 문제가 본격적으로 거론되기 훨씬 전에 이미 대학에서는 훨씬 더 심각한 비정규직 문제가 있었다. 즉 교수의 절반 이상이 비정규직이었고, 그들 비정규직의 임금은 정규직의 절반은커녕 10분의 1도 되지 않았다.

문제는 거기서 그치지 않는다. 왜냐하면 그 비정규직 역시 일련의 노예 중 한 단계에 불과하기 때문이다. 어느 한 명의 교수를 생각해보자. 그 한 명의 교수 밑에 매년 다섯 명의 대학원생이 들어온다고 하자. 그 다섯 명은 석사과정에서 교수에게 예속되다시피 하며, 그 가운데 한 명이 박사과정에 간택되면 그의 예속성은 더욱 커진다. 그의 예속성에는 학문 연수를 이유로 한 학문적인 각종 잡일, 예컨대 번역이나 교정 또는 실험, 심지어 집필 대필은 물론 개인적인 잡일을 해주는 것도 포함되며, 가끔은 성적인 일도 포함되어 끝없이 언론에 오르내린다.

다섯 명의 대학원생 가운데 단 한 명만이 박사과정에 간택되는 일이 매년 이어지고, 그렇게 해서 몇 년 만에 한 명 정도가 박사학위를 겨우 받고 비정규직 교수, 이른바 시간강사로 취임하게 된다. 그는 정규직 교수가 되기 위해 다시 몇 년을 주임교수를 비롯한 학과의 여러 교수들에게 봉사해야 한다. 만일 그렇게 하지 못하면, 위에서 말한 나의 사례와 같은 이유를 비롯한 터무니없는 이유로 10년 이상, 아니 영원히 전임 발령에서 제외될 수 있다.

요컨대 대학은 노예제 사회다. 노예가 따로 없고, 노예를 부리는 방법이 따로 없다. 주인이 수십 명의 노예를 거느리고, 그중 제일 뛰어난 놈에게 자기 자리를 물려주겠으니 열심히 자기에게 봉사하도록 요구한다. 언제 어떻게 자리를 물려주려는 것인지는 주인 외에는 아무도 모른다. 왜 노예가 되겠는가? 그 주인은 학문과 예술 등 모든 가치는 다 갖고 있는 듯 행동하고 실제로 그렇게 평가되고 있으며, 그런 것을 흠모하는 인간이 인류 역사를 봐도 누누이 존재해 왔기 때문이다.

민주화가 우리보다 빨랐던 다른 나라의 대학사회도 오랫동안 노예제의 양태를 보여왔다. 그러나 요즘은 노예의 수가 대폭 줄었고, 노예에 대한 차별대우도 거의 없어졌다. 그러나 대한민국의 대학사회에는 여전히 노예제가 살아있다. 그것도 도도하게. 그리고 그 노예제는 날이 갈수록 더욱 더 확대되는 경향까지 보이고 있다.

불평등 사회에서 문제가 발생하면 그 해결방식은 권위주의뿐이다. 즉 지배계급이 피지배계급의 의사와 관계없이 일방적이면서도 자의적으로 의사결정을 하고, 피지배계급은 거기에 따르도록 강요될 뿐이다. 이런 구조의 대학이 피상적으로나마 '민주'라는 미명을 갖게 된 것은 교수 중심의 총장, 학장 직선제가 도입된 뒤였다. 그러나 총장, 학장 선거란 사실은 몇 명씩의 노예를 거느린 수백 명의 영주들이 벌이는 권력투쟁이고, 그 노예들은 감히 넘볼 수도 없는 것이다.

영주들은 자기의 성을 철저히 지키기 위해 권력투쟁에 나선다. 그 성 하나하나마다 깃발이 내걸려 있다. 이를 테면 그리스 철학, 독일철학, 프랑스철학 등이다. 그들은 서로 간에 끝없이 땅따먹기 투쟁을 벌이지만 일단 다른 적군이 쳐들어오면, 가령 법학이 자기 영역을 침범하려고 하면 언제 싸웠느냐는 식으로 서로 단결해 공동의 적에 대항한다. 이런 단결이 가장 심하게 나타나는 시점은 총장, 학장 선거 전후 1~2년이다. 아니, 총장 임기 4년이 계속되는 선거기간이기 때문에 대학은 사시사철 선거운동에 휘말려 있다고 해도 과언이 아니다.

주로 출신 고등학교나 대학교를 중심으로 한 파벌싸움에서 총장을 낸 파벌은 4년 동안 대학의 모든 학사운영에서 중심이 된다. 특히 보직행상이 오가고, 연구비를 비롯한 돈의 분배도 달라진다. 자리와 돈에서 소외된 사람들은 불만을 품고 와신상담하며 총장을 낸 파벌에 대항할 파벌을 키운다. 이런 연유로 대학은 완전히 선거운동판에 빠져버렸다.

민주주의의 아마추어리즘과 대학의 프로페셔널리즘

대학교수를 프로페서(professor)라고 하는데 그 뜻은 전문가다. 그렇다면 대학사회는 전문가사회다. 전문가란 보통 고도의 전문교육을 받은 사람을 말한다. 대학교수는 사회의 어느 계층보다도 전문교육을 오래 받는다. 그런 고도의 교육을 받은 전문가의 사회인 대학이 가장 비민주적이라고 하면 의아해하는 사람들이 많다. 그러나 조금만 더 생각해보면 이는 지극히 당연한 일이다.

대학이 비민주적일 수밖에 없는 이유는 위에서 설명한 그 노예제적 구조에도 있지만, 본질적으로는 아마추어리즘인 민주주의에 근본적으로 배치되기 때문이다. 내가 아는 교수들의 대부분은 무엇보다도 민주적인 시민으로서의 상식을 결여한 자들이다. 가령 앞서도 말했듯이 나는 학부 시절의 데모와 관련됐던 철학교수의 너무나도 비민주적인 사제(師弟)철학 때문에 10년간 그가 있는 대학의 교수가 될 수 없었고, 이런 사례는 지금도 대학에서는 비일비재하다.

대부분의 교수들이 비민주적인 심성을 갖는 이유는 그렇게 자라왔기 때문이다. 즉 오랫동안 노예로 길들여져 온 자가 주인이 될 경우 그 어떤 주인보다 더 혹심한 주인이 되고, 자기와 경쟁하는 옆의 주인에게 더욱 가혹한 경쟁자가 되는 것이다. 그래서 막가파식 깡패를 연상시키는 교수들도 있다.

내가 아는 어떤 교수는 자기 지도교수의 운전수 노릇을 하는 등 온갖 잡일을 10년 이상 해서 다른 후보자들을 물리치고 교수가 됐다. 그는 대학 설립자의 아들이니 손자니 하는 이유에서 교수가 된 자들보다는 나을지 모르지만, 능력이나 인품과는 무관하게 단지 인맥만으로 교수가 됐다는 점에서는 그들과 같다. 다른 게 있다면 대학 설립자의 아들이나 손자여서 교수가 된 자는 처음부터 막가파이나, 지도교수에게 잡일 봉사를 해서 교수가 된 사람은 교수가 되기 전에는 노예였다가 교수가 된 뒤에 막가파로 변했다는 점뿐이다.

전문가인 프로페서는 자기가 속한 학문과 관련해 철저히 폐쇄적이고, 자신이 다른 분야에 개입하지 않는 한 타인도 자기 분야에 개입하지 말 것을 요구한다. 철저히 세분화된 전공영역을 뛰어넘으려는 학자는 대학사회에서 철저히 도태된다. 사실 그리스 철학, 그중에서도 소크라테스 전공이라는 식의 한국적 학문전공 독점제는 이 세상의 다른 곳에서는 볼 수 없는 희귀한 것인데, 이것이야말로 대학의 노예제에서 비롯된 것이다.

우리는 그렇게 전공분야에만 갇힌 노예들에 대해 흔히 철학이 없고 지식이나 기술만 있다고 말한다. 이때 말하는 철학은 대학 철학과의 철학과는 아무런 관련이 없는, 넓은 의미에서의 아마추어리즘을 뜻한다. 아마추어리즘이란 흔히 미술이나 음악과 같이 어떤 특정한 분야를 직업으로 삼지 않고 취미로 애호하는 비전문가적 태도를 지칭하는 말이지만, 내가 여기서 말하는 그리스적 의미의 아마추어리즘이란 우리가 흔히 르네상스적 인간이라고 부르는 전인적 인간, 즉 모든 분야에 관심을 갖고 그 모든 분야에 대한 지식과 경험이 조화롭게 갖추어져 자주적 인간으로 완숙한 상태에 이른 교양인을 말한다. 이런 교양인이라면 자기 나름의 철학을 가진 철학자라고 말할 수 있다.

소크라테스는 철학자인가?

도대체 철학과 철학자란 무엇인가? 철학이란 '자연, 인생, 지식에 관한 근본원리를 연구하는 학문'이고, 철학자란 '철학을 연구하는 사람'이라고 국어사전에 정의돼 있다. 우리에게도 그런 철학과 철학자가 당연히 있겠지만, 나는 우리나라의 철학자로부터 그런 근본원리를 들어본 적이 없다.

내가 그들로부터 들은 이야기는 누가 어떤 책에서 무슨 말을 했다는 것 정도다. 말하자면 그들은 철학교수일 뿐이다. 그들은 남이 쓴 책을 열심히 읽고서 무슨 주의, 무슨 주의라고 열심히 주워섬기지만, 가만히 들어보면 자기 이야기는 전혀 없고 남의 이야기만 하고 있다. 그리고 아는 것이라고는 그 무슨 주의 한두 개뿐이다. 그것도 서양에서 유행하는 것이 아니면 유행이 지났어도 한참 지난 것들이다.

그들에게 철학이란 하나의 직업, 전공, 또는 지식장사에 불과하다. 그들은 자연, 인생, 지식에 관한 근본원리를 연구하거나 사색하기는커녕 그것에 대해 말한 서양인 또는 동양인 누구에 대해 연구할 뿐이다.

철학자에 대한 국어사전의 정의 방식은 모든 학문분야의 모든 학자에게 적용되는 것이리라. 그런 정의에 부합하는 철학자도 적지만, 철학 외의 다른 분야에서도 그런 정의에 부합하는 학자가 적기는 마찬가지다. 가령 나는 법학자이지만 '법의 근본원리'를 말한다기보다는 법에 관한 주변지식을 떠드는 지식상인에 불과하다.

아마 철학의 아버지라는 소크라테스를 철학자라고 보지 않는 사람은 없을 것이다. 하지만 나는 그가 연구한 '자연, 인생, 지식에 관한 근본원리'가 무엇인지 잘 모르겠다. 아마도 그에게는 근본원리가 없었을 것이다. 왜냐하면 2천 년도 전에 소크라테스가 그런 것을 완벽하게 연구했다면, 그 후 지금까지 다른 사람들이 그런 것을 다시 연구할 필요가 없었을 것이기 때문이다.

그러나 그의 연구결과가 무엇이었든 간에 그가 '연구하는 사람'이었음은 틀림없다. 그는 칠십 평생 연구를 했지만 어떤 정치에도 관여한 적이 없다. 그는 아테네의 국민교육헌장을 제정하려 하지도 않았고, 교육부의 장관은커녕 계장 자리에도 오르지 않았다. 심지어 그는 알량한 책 한 권은커녕 글 한 줄도 쓰지 않았다. 이 점에서는 그가 순수한 철학자, 아니 학자라는 칭호를 가질 만하지 않을까.

소크라테스가 오늘날의 철학자와 다른 결정적인 점은 그가 유식이 아니라 무식을 자랑했다는 데 있다. 이는 자연, 인생, 지식에 관한 근본원리가 무엇인지 잘 몰랐던 그로서는 지극히 당연한 태도였다. 한때 나는 소크라테스의 이런 점을 너무나 좋아했다. 그러나 얼마 지나지 않아 나는 그가 자신이 이 세상에서 가장 현명한 사람이며 가장 훌륭한 정치가라고 자부하기도 했음을 알게 됐다. 그래서 당시 사람들은 그를 위선자로 여겼다는 점도 알게 됐다. 그가 위선자로 간주됐던 것은 무식을 내세워 유식을 자랑했기 때문이었다.

이제 나도 소크라테스의 이런 점이 의심스럽다. '나는 스스로의 무지를 깨닫고 있는 데 반해 나를 제외한 세상 사람들은 누구도 스스로의 무지를 깨닫지 못하고 있다. 그러므로 내가 이 세상에서 가장 유식하다'는 소크라테스의 논리는 사기성이 농후하다. 게다가 자기가 가장 훌륭한 정치가라고 한 것은 더욱 더 큰 사기였다.

소크라테스는 그래도 비판자였고 돈을 거부했다

위와 같이 보면 소크라테스는 오늘의 철학자들과 여러 모로 유사하다. 그러나 소크라테스는 세상일에 철저히 비판적이었다는 점에서 오늘의 철학자들과 반대였다. 오늘의 철학자 중에도 염세주의자들이 있으나, 그들은 소크라테스처럼 당대의 정치에 철저히 반대한다기보다 정치에는 아예 철저히 무관심한 편이다.

정치에 대한 철저한 무관심과 출세주의는 서로 모순이 아니다. 둘 다 정치에 대해 비판적이지 않은 태도에서 나오는 것이기 때문이다. 세상의 근본을 추구하는 참된 철학자라면 세상에 대해 당연히 비판적이지 않을 수 없고, 특히 더러운 정치에 대해서는 더욱 그러할 것이다. 그러나 우리나라 철학자들은 그런 철학자가 아니라 동서양의 철학을 소개하는 철학교수에 불과하기 때문에 세상일에 비판적이지 않고, 오히려 세상일에 대해 아예 무관심하거나 반대로 대단한 관심을 보이는 것이다. 그들의 무관심 혹은 관심은 비판과 무관하다는 점에서 사실은 같은 것이다.

오늘의 우리 철학교수와 소크라테스가 다른 점이 또 하나 있다. 소크라테스는 자신이 교수라는 사실 자체를 부인했다. 자신은 돈을 받고 가르치는 소피스테스들과 다르다는 것이었다. 그는 당시의 철학교수라 할 수 있는 소피스테스(소피스트의 그리스어 발음)들을 돈을 받고 가르친다는 이유로 몹시 경멸했다. 그러나 그가 자신은 교수가 아니라고 한 데는 더 현실적인 이유가 있었을지 모른다. 가령 소크라테스의 제자 중에 나쁜 자들도 있어 악행을 일삼았는데, 그것에 대한 책임을 면하기 위해 소크라테스는 자신이 그들의 교수라는 사실을 부인했을 수도 있다. 만약 이게 정말이라면 소크라테스는 교육자로서는 그야말로 무자격자라고 할 수 있으리라.

이렇듯 소크라테스는 오늘의 우리 대학의 철학자들과는 이래저래 달랐다. 도리어 그는 철학관이라는 간판을 내걸고 점을 치는 철학자와 유사하게 취급됐다. 물론 산속에서 도를 닦은 도사 정도가 아니라 나름으로 무리를 거느린 철학자였다. 지금도 우리 주변에 그런 이들이 많지만, 당시 소크라테스도 일반인에게는 그 정도로 인식됐다. 그래서 그는 나이 칠십에 혹세무민의 죄로 고발돼 사형을 받았다. 그가 나쁜 제자를 포함해 그 누구의 스승도 아니라고 강조했음에도 처형된 것이다. 그는 스스로 선생이라는 직업에 자신이 종사했음을 근원적으로 부정했다. 그런데도 불구하고 2천 4백 년간 그가 인류의 스승으로 섬김을 받았다니!

철학관과 소크라테스 카페

나는 철학관이라고 하는 데를 가본 적이 없다. 그러나 사주라고들 말하는 점은 본 적이 있다. 나이 오십이 다 되어 단골로 다니던 식당의 아주머니가 장난삼아 봐준 것이었다. 아주머니는 내가 태어난 일시를 놓고 한자를 들먹이더니 나의 올해 운수가 너무 좋다고 말해주었다. 이에 나는 밥 먹은 걸 기분좋게 소화하는 데는 썩 괜찮은 짓이라고 생각하며 크게 웃었다. 그러나 그 직후 나는 신문에 쓴 칼럼 때문에 명예훼손으로 고소를 당했다.

아마도 사람들이 철학관에 가는 이유도 나와 마찬가지로 소화 불량 정도를 해결하기 위한 것이리라. 물론 값싼 소화제보다 못하거나 점의 결과가 전혀 맞지 않을 수도 있겠지만, 그래도 가끔은 마음에 위로가 되는 덕담을 듣게 되기도 하니 그런 곳에 가는 것이리라. 바로 그게 우리의 서글픈 삶이리라.

우리의 철학관과 비슷한 것으로 서양에는 '소크라테스 카페'라는 것이 있다. 철학관과 소크라테스 카페가 비슷하다고 쓴 데 대해 화를 낼 소크라테스 철학자가 있을지 모르지만, 철학으로 마음을 치료한다는 점에서는 철학관과 소크라테스 카페가 크게 다를 것이 없으니 양해하시라. 소크라테스를 우리의 점쟁이와 비교하는 것은 소크라테스를 당대의 소피스테스와 비교하는 것보다도 더 무지하고 몰지각하다면서 분노할 소크라테스의 후예가 우리나라에 여전히 많을지도 모르지만, 내가 보기에는 그게 그거다. 철학관이 번성해서 세력이 커지면 문제가 발생하는 경우가 왕왕 있다. 여기서 문제란 소위 신흥종교니 사교(邪敎)니 하는 것들이다. 소크라테스도 어쩌면 당대에는 그렇게 보였을 수 있다.

우리 철학관의 철학자들 중에는 귀신을 불러들여 점을 치는 자들도 있는데, 그들은 소위 신내림을 받고 그런 일을 하며 살게 된다고 한다. 우리나라에서는 철학관의 철학자와 그곳에 출입하는 손님들뿐 아니라 일반인들도 상당수 귀신을 믿지 않나 싶다. 가령 우리나라 사람들이 매년 몇 번씩 지내는 제사가 죽은 이의 영혼 또는 귀신이 와서 밥을 먹고 간다는 것을 전제로 진행되는 것을 보면 그렇다. 그래서 우리나라에서 귀신영화가 그렇게 인기가 있는 것인가? 하긴 귀신영화의 인기가 어디 우리나라에서뿐이랴?

플라톤이 기록한 대화편을 읽다가 자주 놀라게 되는 대목은 소크라테스도 귀신을 믿었다는 부분이다. 그런데 더욱 놀라운 점은 세상 철학자들이 소크라테스가 귀신을 믿었다는 것을 별로 문제 삼지 않는다는 것이다. 대화편에 의하면 소크라테스는 우리의 산신각 같은 신전에 가서 귀신과 교통하는 무당의 이야기를 듣고서 자기가 이 세상에서 가장 현명한 사람이라고 믿게 됐다. 그런가 하면, 그가 죽게 되는 이유도 나라의 산신각에 모신 귀신을 믿지 않고 자기만의 특별한 귀신을 믿은 데 있었다고 한다. 이런 것을 보면 소크라테스 이야기는 처음부터 끝까지 귀신 이야기다.

소크라테스의 죽음에 대한 오해들

우리는 왜 소크라테스를 알아야 할까? 도대체 왜 철학을 알아야 하는가? 철학이 우리에게 무슨 위안을 주는가? 이런 질문에 대한 답을 찾기 위해 《드 보통의 삶의 철학산책》이란 책을 읽어보자. 이 책의 원제는 《철학의 위안(The Consolation of Philosophy)》이니 거기에 뭔가 답이 있을지 모르기 때문이다. 이 책은 1장에서 '인기 없음에 대한 위안'이라는 제목으로 소크라테스를 다루고 있다. 거기서 드 보통은 소크라테스가 우리에게 위안을 주는 이유를 다음과 같이 설명한다.

소크라테스는 제한된 지식을 가진 5백 명의 시민들에게 재판을 받았는데, 그들은 당시 아테네가 펠로폰네소스 전쟁에서 패한데다 피고의 몰골이 이상하다는 이유로 소크라테스에게 비이성적인 의심을 품고 있었다. […] 우리는 지방 배심원들이 적시에 우리를 돕도록 설득하지 못할 수도 있지만, 그래도 후대의 심판이 가능하다는 사실에서 위안을 얻을 수 있다.[20]

이 글은 소크라테스가 인기가 없어 죽었지만 후대에 재평가를 받았다는 점에서 우리가 위안을 얻을 수 있다고 말하는 듯하다. 즉 재판에서 사형을 당한다고 해도 후대의 심판이 달리 내려질 수 있으므로 위안을 얻을 수 있다는 것이다. 그러나 이 책을 읽는 사형수가 과연 소크라테스의 사례로부터 위안을 얻고 죽을 수 있을지 의문이다. 후대의 심판이 달리 내려질 확률이 거의 없는데 어떻게 위안을 받는단 말인가?

나아가 재판을 담당한 5백 명의 시민들이 제한된 지식을 가졌고, 게다가 몰골이 이상하다는 이유로 소크라테스에게 비이성적인 의심을 품고 있어서 잘못된 판단을 내렸다는 설명은 너무나도 터무니없다. 아무리 아는 게 없는 무지렁이라 해도 모양새가 이상하다고 함부로 사람을 죽일 수 있을까?

드 보통의 이 책은 영미에서 오랫동안 베스트셀러였고, 영국에서는 〈철학: 행복으로의 초대〉라는 제목의 6부작 텔레비전 다큐멘터리로도 제작돼 상영됐다고 한다. 그런데 그 내용이 이 정도인 것을 보면 영미의 독자들이 참으로 불쌍하기 짝이 없다. 사형수에게 위안을 준다는 이유로 소크라테스를 칭송하는 책을 읽고, 그것에 기초한 텔레비전 프로그램까지 봐야 하니 말이다. 그러면 사형수가 아닌 보통 사람은 소크라테스에게서 무슨 위안을 얻을까? 누구나 사형수가 될 수 있고, 그래서 실제로 사형수가 될 경우에 위안을 얻는다는 이야기일까?

그렇다면 우리는 어떤가? 우리나라에서 출판된 《소크라테스의 변론》 번역자는 소크라테스 연구의 최고봉이라고 평가받는 사람이다. 그런 그가 소크라테스의 죽음은 그리스인들의 몰지각, 시기심, 이기적 적대심 때문이었다고 하니 우리나라의 소크라테스 연구 수준에 또다시 절망하지 않을 수 없는 노릇이다.

> 결론적으로 말해, 소크라테스의 죽음은 한 철학자의 일생에 걸친 철학적 작업에 대한 당대 사람들의 그런 몰지각과 부질없는 시기심, 그리고 당대 아테네의 정치지도자들의 그런 이기적 적대심이 영합하여 빚은 어이없는 결말이었던 셈이다.[21]

위 글에서 '몰지각'이라고 함은 당시 아테네인들이 소피스테스들과 소크라테스를 구별하지 못한 점을 말하고, 정치가들의 '이기적 적대심'이란 소크라테스가 당대 민중 지도자들을 참된 지도자가 아니라 민중을 오도하는 자들로 여김으로써 그들의 반감을 샀다는 점이라고 한다.[22]

그러나 과연 당시의 그리스인들이 소크라테스를 소피스테스들과 구별하지 못할 정도로 몰지각해서 소크라테스를 죽였을까? 당시의 어떤 소피스테스들도 소크라테스처럼 죽은 적이 없는데 왜 소크라테스만 소피스테스로 오해받아 죽었다고 하는 것일까? 당시의 어떤 기록을 보아도 소크라테스를 소피스테스라는 이유에서 죽였다는 말은 없다. 그런데도 왜 우리나라 해설자는 그런 소리를 한 것일까? 게다가 당대 사람들의 '부질없는 시기심'이 무엇인지는 번역자가 아예 설명해 놓지도 않아서 알 수가 없다.

  정치지도자들의 '이기적 적대심'이란 것은 또 무슨 말일까? 이에 대해 번역자는 플라톤의 《메논》을 인용해 설명한다. 그 내용은 대략 이렇다. 소크라테스를 고발한 아니토스가 숭배한 테미스토클레스와 페리클레스에 대해 소크라테스가 "그들 자신은 훌륭했으나 자식들을 훌륭한 인물로 만들지 못했다"[23]고 지적했고 이에 아니토스가 화를 냈다는 데서 알 수 있듯이 그처럼 한창 잘 나가는 정치지도자를 대수롭지 않게 보는 소크라테스가 눈엣가시 같은 인물이어서 "소크라테스라는 성가신 존재를 자기 눈앞에서 사라지게 하는 것, 그것은 정치지도자로서 아니토스 자신의 위상을 손상하지 않고 유지할 수 있게 하는 하나의 중요한 방편이었을 것"[24]이라고 한다. 이어 소크라테스를 기소하는 것은 403년에 효력을 발휘한 사면조치에 위배되므로 그에게 다른 혐의를 씌웠다는 것이다.

  이런 해설을 우리는 어떻게 이해해야 하는가? 소크라테스에 대한 아니토스의 비판은 페리클레스 등에 대한 당시의 논쟁과는 관계가 없고 단지 소크라테스가 그처럼 한창 잘나가는 정치지도자를 대수롭지 않게 보았기 때문이었다는 것은 전혀 근거 없는,

터무니없는 이야기다. 이는 당대의 민주주의 지도자인 아니토스에 대해 아무런 근거 없이 하는 비난이다. 특히 아니토스에 의해 그리스 민주주의가 회복된 후에 소크라테스가 그 전의 비민주의 정권과 관련된 것이 문제가 된 데 대해 번역자가 전혀 설명하지 않은 점도 도무지 이해할 수 없다.

플라톤과 소크라테스를 구분지은 포퍼

우리는 소크라테스가 직접 쓴 자료는 보지 못하고 그를 주인공으로 한 플라톤의 대화편을 통해서만 그를 이해할 수 있다. 따라서 우리는 대화편에 나오는 소크라테스 중 어디까지가 진짜 소크라테스의 모습과 철학을 담은 것이고 어디까지가 단지 플라톤에 의해 창조된 소크라테스의 모습과 철학인지를 알 수 없다. 학자들은 각자 나름의 기준(대부분 주관적인 기준이었지만)에 의해 두 사람의 사상을 구분해왔다. 두 사람의 사상이 대체로 같다고 보는 학자도 있으나 다르다고 보는 학자도 있다.

가령 그리스의 직접민주주의를 좋아한 한나 아렌트는, 소크라테스는 평화적 설득이라는 방법을 사용했으나 그가 사형 당한 뒤 플라톤은 설득의 방법을 불신하고 정치에 '진리'를 도입해 타인의 생각을 자기의 생각에 맞게 고치려고 했으며, 그런 플라톤에서 시작된 이성 중심의 서양 정치철학은 의견의 다양성에 대해 늘 부정적이었다고 했다.

나는 아렌트와 달리 서양 정치철학이 이미 소크라테스에서부터 이성 중심이었다고 본다. 소크라테스와 플라톤의 구분에 관한 한 아렌트보다 칼 포퍼가 더욱 분명하다.

포퍼는 유명한 저서 《열린사회와 그 적들》[25]에서 소크라테스는 열린사회의 대변자인 훌륭한 민주주의자인 반면 그의 제자인 플라톤은 열린사회의 대표적인 적이라고 말한다. 포퍼가 소크라테스를 이렇게 본 이유 중 하나는 30인 참주 치하에서 그가 취한 행동에 있다. 포퍼가 지적한 소크라테스의 행동이란 장군들의 재판 회부가 개별적으로 이루어지지 않고 집단적으로 이루어졌다는 이유로 그가 말없이 집으로 가버린 것을 말한다. 그러나 뒤에서 다시 살펴보겠지만, 나는 그런 소크라테스의 행동이 훌륭한 민주주의자의 행동이었다고 보지 않는다.

이어 포퍼는 소크라테스의 주지주의가 평등주의적이고 반권위주의적이면서도 동시에 권위주의적인 경향을 야기할 수 있는 측면을 갖고 있었다고 지적하고, 소크라테스의 이런 요소는 그의 지적 겸손과 과학적 태도에 의해 최소한으로 억제됐지만 플라톤의 주지주의는 소크라테스의 주지주의와 전혀 달랐다고 비교한다.[26]

포퍼의 이런 주장에 대한 반론은 이제까지 주로 그의 플라톤관에 대해서 제기돼 왔다. 그러나 나는 오히려 그의 플라톤관은 옳은 반면 그의 소크라테스관에 문제가 있다고 본다. 소크라테스가 플라톤보다 더 권위주의적이고 비민주주의적이었다고 보기 때문이다.

악법은 법이 아니다

조국이 무엇인가를 묵묵히 치르도록 지시하면 치러야 한다는 것을, 두들겨 맞거나 투옥되거나 하는 것도, 싸움터로 이끌고 가서 부상당하거나 전사하게 하더라도, 이는 해야만 한다는 걸, 그리고 또 올바른 것은 이런 것이라는 걸 말이야.

이 말은 군인수칙에나 나올 법한 말이다. 그러나 '조국'이라는 조금은 감상적인 말을 '국가'나 '권력'으로 바꾼다면, 아니 꼭 그렇게 바꾸지 않더라도 반전주의자나 양심적 병역거부자, 고문을 당하거나 부당하게 투옥된 자는 물론 권력에 의해 억울하게 당한 사람이라면 누구나, 민주주의 국가의 시민이라면 누구나, 설령 그가 군인이라 하더라도 위 말에 동의하지 않으리라. 어느 시대, 어느 나라의 군인이라고 해도 '묵묵히' '두들겨 맞거나 투옥' 되어서는 안 된다.

그런데 이 말은 박정희나 전두환의 말이 아니라 철학의 아버지니 4대 성인 중 한 사람이니 하는 세칭으로 불리는 소크라테스의 말이다. 소크라테스라고 하면 당장 떠오르는 이미지는 아마도 독배를 마시고 죽어가는 그의 최후 모습이리라. 그리고 그 모습을 상상해서 그려놓은 그림 탓에 그를 철학 또는 진리의 순교자라고 생각하는 사람이 많으리라. 철학으로 인해, 또는 진리를 지키기 위해 억울하게 사형판결을 받고도 법을 지켜야 한다는 이유로 탈옥을 거부하고 독배를 마시며 죽어가는 모습은 누가 봐도 거룩한 순교자의 모습이라는 것이다.

바로 여기에서 '악법도 법'이라는 말을 그가 했다는 소문이 나오게 됐다. 말하자면 그는 '준법정신'에 투철한 시민이었다는 얘기다. 그러나 소크라테스 외에도 인류 역사상 수많은 사형수들이 탈옥을 거부하거나 시도하지 않고 죽었으니 투철한 준법정신만으로 그를 성인으로 모시기는 좀 어렵지 않을까? 게다가 그 준법정신이란 게 악법의 준수를 말한다면 어떻게 성인의 준법정신일 수 있겠는가?

순교란 보통 자기가 믿는 종교를 위해 목숨을 바치는 것을 말한다. 기독교를 위해 처형당한 예수나 불교를 위해 처형당한 이차돈처럼 말이다. 그러나 소크라테스는 그런 종교적 이유로 죽은 게 아니다. 그가 무신론자여서 처형당했다거나 국교가 아닌 다른 신을 믿어서 처형당했다는 설명도 있으나 전혀 근거가 없는 이야기다. 그는 그리스의 신을 믿었다. 따라서 그는 종교적 의미의 순교자는 아니다.

그의 철학은 '너 자신을 알라'는 말, '나는 아무것도 모른다'는 무지의 자각, 그리고 그것을 가능하게 하는 문답식 대화에 의한 소크라테스식 토론방법, 그런 토론으로 끄집어낸 '덕은 지식이지만 결코 가르쳐 습득시킬 수 없는 것'이라는 생각으로 구성된다. 소크라테스의 철학을 이렇게 간단하게 말하는 데 대해 철학자들은 분노할지 모르지만, 내가 보기에 그의 철학은 대충 그런 정도다.

소크라테스가 말하는 무지에 대한 자각이 갖는 중요성이나 문답식 대화의 유용성을 부정할 사람은 없으리라. 그것이 근래 들어 세계적으로 유행하는 소위 소크라테스 카페나 철학치료의 기본이 된다는 점도 충분히 이해할 수 있다. 나 역시 그런 회의주의와 대화술을 지지한다. 덕은 가르쳐질 수 없는 것이라고 한 점은 이해하기 어렵지만, 여하튼 모든 권위에 대한 그의 부정을 나는 좋아한다.

그러나 나는 소크라테스의 철학이 대단한 것이라고 생각하지 않는다. 오히려 만약 내 주변에 소크라테스 같은 사람이 있다면 무척 귀찮고 불쾌할 것 같다. 생각해보라. 누가 당신에게 "너 자신을 알라"고 말한다면 기분이 좋겠는가. 더구나 꼬치꼬치 따지고 들어가 결국은 "나는 아무것도 모른다"고 고백하게 만든다면 기분이 나쁠 것이다. 나아가 평소에 덕이 있다는 이야기를 들어왔는데 그가 그런 세평을 일거에 부정한다면, 그리고 어떻게 하면 덕을 배울 수 있느냐는 물음에 "그것은 가르쳐서 습득시킬 수 없는 것"이라 일축한다면 더욱 기분이 나쁘리라. 그렇지만 그것 때문에 그 사람을 사형에 처해야 한다고 주장할 사람은 아마 없을 것이다. 건방지다는 정도로 그를 비난할 수는 있을 것이다. 만약 싫다는데도 계속 따라와 꼬치꼬치 묻는다면(사실 소크라테스는 이렇게까지 하지도 않았다) 경범죄처벌법을 생각할 수는 있을지 모른다. 하지만 그 이상의 처벌은 무리인 감이 있다. 몇 달간의 징역도 과하다 싶은데 하물며 사형이야!

그런데 소크라테스는 바로 그런 이유로 사형을 당했다고 한다. 명명백백 억울한 일이다. 그는 끝까지 자신의 무죄를 호소했지만 소용없었다. 결국 그는 독배를 받아 마시고 죽었다. 여기서 우리는 그의 죽음에 대한 한 가지 의문에 직면하게 된다. 그는 왜 억울한 판결에 승복하고 순순히 죽음을 받아들였을까? 게다가 사형이 확정된 후 많은 제자들이 그를 찾아가 탈옥을 권했고, 그것은 충분히 가능한 일이었다. 하지만 그는 모든 기회를 마다하고 죽음을 택했다. 이를 도대체 어떻게 이해해야 하는가?

소크라테스는 평생 정의를 가르쳤고, 불의에 불복종하며 살았다고 한다. 그러나 마지막에는 전혀 정의롭지 못한 재판에 복종하여 죽었다. 이는 거룩한 죽음이라기보다 자살에 가깝다. 다소 과격하게 표현하자면 그야말로 개죽음이라고 할 수도 있겠다. 그가 허무주의자라면, 그래서 줄곧 암울한 현실에서 벗어나길 희망하며 죽음을 꿈꿨다면 또 모르겠다. 그러나 여러 정황으로 봤을 때 그는 허무주의자는 아니었던 것 같다. 소크라테스는 누구보다 활력에 넘치고 건강한 모습으로 일흔 살까지 살았다. 이는 당시로서는 극히 예외적인 수명으로, 요즘으로 따지면 백 살이 넘는 최장수 기록에 해당하는 것이다.

 살만큼 살았으니 죽었다고 할 사람이 있을지도 모른다. 그러나 아내와 세 자식이 있는데, 플라톤을 비롯해 많은 제자들이 있는데, 아직 무지를 일깨워줘야 할 사람이 수없이 많은데 왜 죽는단 말인가? 그것도 아무런 죄도 없이 억울하게.

 이처럼 소크라테스는 의문투성이다. 그리고 그 의문을 푸는 길은 결코 쉽지 않을 것 같다. 소크라테스는 평생에 걸쳐 단 한 줄의 글도 남기지 않았다. 뿐만 아니라 그의 재판이나 죽음에 관한 공식 기록 또한 남아있지 않다. 이는 곧 그의 재판이나 죽음, 심지어 사상에 대해서도 객관적으로 논의할 수 있게 해주는 자료가 전혀 존재하지 않는다는 사실을 말해준다.

 그래서인지 소문만 무성하다. 소문은 우리나라에서 극에 달해, 소크라테스가 자신이 살아생전 한 적도 없는 "악법도 법"이라는 말을 지키기 위해 억울하지만 거룩하게 죽었다는 가공의 이야기가 마치 사실인 양 교과서에까지 실리기에 이른다. 공정하지 못한, 터무니없는 법에 의해 억울하게 죽어가는 사람에게 악법도 법이니 죽으라고 말하는 자가 과연 옳은 철학자라 할 수 있는가? 그런데 우리는 그런 자를 철학의 아버지로 배웠다. 그렇다면 우리가 배운 철학이란 모두 엉터리인지도 모른다.

 오늘날 우리는 소크라테스를 일컬어 4대 성인 중 한 사람이라고 한다. 그러나 이는 철저한 오해다. 그는 칠십 평생 한 번도 하지 않은 말인 '악법도 법'이라는 말에 대한 책임을 지기 위해 스스로 사형당한 사람이라고 오해돼왔다. 소크라테스의 죽음에 얽힌 이 이야기는 전혀 사실 무근임에도 불구하고 우리나라에서 1995년까지 국가적인 국민상식으로 여겨져 왔다.

성인이 한 말이라는 이유로 악법도 법이라는 말은 수십 년간 진리 아닌 진리로 여겨졌다. 이 말은 파렴치한 권력자들이 수많은 악법을 합법화하는 길을 터주었으며, 사람들로 하여금 그것을 따르게 하는 이유가 되기도 했다. 심지어 사회의 안위를 책임져야 할 일부 지식인층, 즉 철학자는 물론 법학자나 법률가들조차 소크라테스가 그렇게 말했으므로 그 말은 곧 진리라는 궤변을 늘어놓음으로써 악법의 합법화에 직간접적으로 동조했다. 그야말로 미친 세월이었던 것이다.

하긴 어디 소크라테스뿐인가? 가령 우리가 호국불교라고 하는 것은 적어도 부처의 가르침에는 존재하지 않는 것인데, 우리나라에서는 그것이 마치 불교 자체인 양 오해된다. 세속권력과 인연을 끊으라고 한 부처님의 말씀이 친권력의 호국불교로 둔갑한 것이다. 같은 맥락에서, 호국기독교라는 말은 없는 것 같으나 그 비슷한 기독교가 그리스도의 가르침과는 관계없이 존재한다. "카이저의 것은 카이저에게, 신의 것은 신에게"라는 성경 구절은 권력으로부터 성스러운 신의 세계를 분명히 구별해야 한다는 반권력의 명제이지만, 부지불식간에 친권력의 말씀으로 둔갑했다. 게다가 평화의 종교라고 스스로 주장하는 이슬람교를 우리는 전쟁과 투쟁의 종교로 둔갑시켜 놓고 바라본다. 대한민국에서는 모든 것이 이렇게 뒤바뀌는가?

소크라테스 재판은 그리스 민주주의의 오점이다

소크라테스와 예수는 당대의 법에 따라 판결을 받고 사형당했다고 한다. 그렇다면 성인을 죽인 당대의 법은 당연히 악법이었고, 그 처형에 관계한 사람들은 물론 처형에 찬성한 사람들은 모두 악인 또는 어리석은 군중이었다고 여겨질 수 있다.

그러나 우리는 소크라테스 시대의 그리스는 지금 우리처럼 민주주의를 했으며, 그것은 인류역사 최초의 민주주의였다고 알고 있다. 그렇다면 민주주의가 악인가? 우리가 배운 그리스나 로마의 민주주의는 부정돼야 할 악인가? 민주적 외양과는 달리 사실상 비민주적이었던 로마는 그렇다손 치더라도, 완전한 직접민주주의 체제였던 그리스까지 부정할 것인가?

이 책에서 나는 고대 그리스의 민주주의를 부정해서는 안 된다고 주장한다. 그리고 소크라테스는 반민주주의자였다고 주장한다. 그는 철인정치를 주장했다. 이 점에서 그는 모든 철인들의 존경을 받는지도 모른다. 그래서 그를 두고 철학의 아버지라고 하는지도 모른다. 그러나 제아무리 철인이라도 그가 반민주적인 독재자라면 나는 싫다.

물론 반민주주의자라고 해서 무턱대고 처형할 수는 없다. 오늘날 우리나라에도 반민주주의자가 많다. 우리는 박정희, 전두환, 노태우가 민주주의자라고 생각하지 않는다. 그러나 그들이 반민주적 압제를 행사하며 저지른 수많은 죄에도 불구하고 우리는 섣불리 사형을 입에 담지 않는다. 지금도 그들과 유사한 생각을 갖고 있는 사람들이 많이 존재하지만 나는 그들을 사형에 처해야 한다고는 생각하지 않는다.

사상과 표현의 자유를 존중하는 아테네에서 그런 자유를 행사한 소크라테스를 재판하고 처형한 것은 역사의 오점이다. 당시 아테네에는 이적죄도 선동죄도 고무죄도 찬양죄도 없었다. 우리의 국가보안법이나 형법에 나오는 반국가죄도 없었다. 따라서 그런 죄목을 씌운 소크라테스에 대한 재판은 명백히 불법이었다. 그렇다고 해서 우리의 국가보안법에 따른 재판이 합법이란 말은 아니다. 그런 유의 법제가 존재하지도 않았던 민주국 그리스에서 그 같은 재판이 행해졌다는 게 문제라는 이야기다.

만일 소크라테스가 아테네의 민주적 전통인 사상과 표현의 자유를 들어 자신을 변호했다면 그는 당연히 무죄 판결을 받았으리라. 그러나 그는 그렇게 하지 않았다. 왜냐하면 그것은 그가 경멸한 아테네 민주주의에 승리를 가져다주는 것이었기 때문이다. 그러나 소크라테스가 자신을 그런 식으로 변호하지 않았다고 해서 민주주의를 옹호하는 아테네 시민들이 그를 고발하고 사형까지 부과한 것은 천부당만부당한 것이었음을 지적하지 않을 수 없다.

역사는 아테네를 지지하지 않고 소크라테스를 지지한다. 왜냐하면 소크라테스의 입장이나 자기변호의 내용과는 무관하게 사상과 표현의 자유를 지지하기 때문이다. 따라서 역사는 사상과 표현의 자유를 위한 순교자로 소크라테스를 기념한다. 소크라테스는 반민주의자였지만, 그럼에도 불구하고 민주주의의 원리에 의해 그의 사상과 표현의 자유는 보호돼야 했다.

이를 바탕으로 내 주장을 정리하면 이렇다. 민주주의 사회였던 고대 그리스에서 민주주의에 반하는 언행을 한 소크라테스의 반민주적 행위는 응당 비판받아 마땅하다. 그러나 그 언행 때문에 그가 고발당하고 사형에 처해진 것은 분명 부당한 일이다. 오늘날 우리가 민주국가에서 살아가면서 끊임없는 회의를 느끼는 것처럼 민주주의는 그리 완벽한 제도가 아니다. 하지만 민주주의는 최선이 존재하지 않는 사회에서 그나마 차선의 방법이고, 그것에 반대하는 사람들에게도 관용을 베푼다는 큰 장점을 가지고 있기에 여전히 믿음과 희망의 대상이 될 만하다. 소크라테스는 악법도 법이라는 신념에서가 아니라 반민주의자로서 민주주의를 적대했기 때문에 민주주의의 이름으로 죽임을 당했다. 그러나 그런 민주주의는 옳은 민주주의가 아니었다.

요컨대 소크라테스는 그리스 민주주의에 반대했다. 그러나 사상과 표현의 자유가 보장돼야 하는 민주주의에서는 그의 반대가 당연히 용납됐어야 했다. 그러나 당시의 민주주의는 이것을 허용하지 않았기에 민주주의의 역사에 오점을 남겼다.

2장 | 그리스 민주주의의 전개

민주주의가 아름다운 나라

도대체 그리스는 우리에게 무엇인가? 그것이 무엇이기에 우리는 수천 년 전의 그리스 신화에 열광하는가? 책이 그렇게도 안 팔린다는 이 척박한 풍토에서 그리스 로마 신화에 대한 책들이 수십만 권씩이나 팔리는 베스트셀러가 되는 이유는 무엇인가? 어느 민족에게나 신화는 있고 우리에게도 신화가 있거늘 그리스를 제외한 다른 민족의 신화는 물론 우리의 신화조차 잘 모르면서 그리스 신화에만 열광하는 이유는 도대체 무엇인가?

어떤 사람들은 그리스 신화 자체에 여러 가지 의미를 부여하기도 하지만, 내가 아는 한 이번 붐은 지극히 우연한 계기에 의한 것이지 그리스 신화 자체 때문이 아니다. 왜냐하면 그리스 신화에 대한 책은 이미 오래전부터 여러 종류가 나왔는데 최근처럼 초대형 베스트셀러가 된 적이 없었기 때문이다. 이는 아마 수백 년 이상 그런 책이 나온 그리스에서도 마찬가지이리라.

얼마 전에 영화 〈알렉산더〉와 〈트로이〉가 우리나라를 비롯해 전 세계에서 개봉됐다. 전 세계를 대상으로 하는 미국의 제국주의가 부시의 대통령 재선으로 더욱 강화되는 가운데 개봉된 이들 영화는 내게 부시 제국주의를 축하하는 영화로만 보였다. 지금은 이슬람을 믿는 터키 땅인 트로이를 그리스가 격파하고, 알렉산더는 그곳에 있던 페르시아를 멸망시킨다는 내용의 영화를 보면서 아프가니스탄과 이라크를 폭격하고 이란까지 위협하는 부시를 연상하지 않을 수 없었다. 게다가 그 연장선상에 북한이 있지 않은가?

엔간한 상식을 가진 사람이라면 '세계문학' 이란 것이 호메로스(영어식으로는 호머이나 이 책에서는 호메로스라고 쓴다)의 《일리아드》와 《오디세이아》에서 출발하고, '세계철학' 이란 것이 소크라테스, 플라톤, 아리스토텔레스에서 출발하며, 본격적인 '세계사' 는 그리스로부터 출발한다는 것을 안다.

그러나 그러한 세계문학, 세계철학, 세계사라고 하는 것에서 '세계' 란 사실 유럽, 그것도 서유럽과 미국을 말하는 것에 불과하다. 따라서 그 '세계' 는 진정한 의미의 세계가 아니라 '서유럽과 미국 = 세계' 인 것에 불과하다. 심지어 서유럽 문명의 발상지라는 그리스조차 그 발상 시기인 고대 그리스를 빼면 세계문학, 세계철학, 세계사에 다시는 등장하지 않는다. 마찬가지로 미국도 서유럽인이 건너가기 전의 역사, 즉 인디언의 역사는 세계사에 거의 등장하지 않는다. 따라서 우리가 세계문학, 세계철학, 세계사 등과 같이 '세계'라는 말로 이야기하는 모든 것이 사실은 서유럽과 미국이 자기네 관점에서 자기들이 세계라고 조작한 것임을 알 수 있다.

우리는 영화 〈알렉산더〉나 〈트로이〉를 보면서 세계 최고의 미남이라는 브래드 피트를 비롯한 여러 톱스타들에 열광했다. 이들 영화는 실제 역사에 맞게 제작됐다고는 하나, 실은 그 배우들부터 실제 인물과 맞지 않으리라. 인물의 용모만이라도 맞추려 했다면 적어도 그리스나 터키의 배우들을 썼어야 하리라. 그러나 키도 작고 피부도 검은 그곳 배우들은 절대 기용될 수 없었을 것이다. 연기를 못해서? 세계적인 배우가 아니라서? 아니다. 영화는 처음부터 의식적이든 무의식적이든 간에 백인 배우에 의해 연기돼야 하는 것이었기 때문이다. 그리고 브래드 피트를 비롯한 할리우드 스타들은 백인에 의한 세계지배의 신화 창조에 또다시 기여했다.

이처럼 현재의 그리스와 고대 그리스는 유럽과 미국의 제국주의를 빛내기 위한 역사적 장식물이 돼버렸다. 즉 유럽과 미국의 제국주의가 장구한 역사적 전통을 갖는다고 스스로 뽐내기 위해 갖다 붙인 역사적 장식이 된 것이다.

2천 년 전의 우리 역사에 대해서는 사실 깜깜하면서 왜 그 당시의 그리스에 매달려야 하는가? 지금 우리가 그 옛날 남의 나라에 대해 왜 알아야 하는가? 답은 간단하다. 지금 우리가 죽으라고 매달리고 있는 서양문화의 원류가 그리스이기 때문이다. 서양문화를 제대로 알기 위해서는 그리스를 알아야 하기 때문이다.

그렇다면 왜 우리는 서양문화에 매달리고 있는가? 그것에 매달리지 않으면 안 되는 이유라도 있는가? 이 문제는 이 책의 범위를 벗어나는 거창한 것이니 여기서는 덮어두자. 여하튼 분명한 것은, 지금의 그리스인들은 2천 4백 년 전의 한국 역사에 대해 아무것도 모를 뿐 아니라 지금의 한국에 대해서도 아는 바가 거의 없는데 우리는 2천 4백 년 전의 그리스를 알고자 한다는 것이다. 왜 그런가? 이 문제에 대한 답도 여기서는 '소크라테스를 제대로 알기 위해서' 라는 이유만으로 끝내도 되겠지만, 그런 이유만으로는 흥이 나지 않으니 하나만 더 언급하도록 하자. 그것은 우리가 지금 신봉하는 민주주의의 원형을 그리스가 고스란히 보여주기 때문이다. 내가 여기서 그리스를 강조하는 이유는 우리도 그런 민주주의를 구현해야 하며, 구현할 수 있다는 믿음 때문이다. 물론 민주주의를 구현하기 위해 그리스를 꼭 알아야 할 필요는 없다. 그러나 다른 나라의 역사를 참고하고자 한다면 그리스부터 알아볼 필요가 있다.

소크라테스는 고대 그리스의 도시국가 중 하나였던 아테네 출신이다. 당시 아테네 인구는 기껏해야 우리의 군 정도에 불과한 20만~25만 명 정도였고, 그중에서도 인간대접을 받는 성년 남성인 시민은 약 3만 명에 불과했다.[27] 따라서 시민의 수로 치자면 우리의 면 수준에도 못 미친다. 꽤 큰 종합대학 정도랄까.

그 3만 명은 한 달에 서너 번 정도, 매년 40회씩 모여 하루 동안 정치를 했다. 1만 4천 명이 앉을 수 있는 광장이 그들이 정치를 위해 모인 장소다. 우리 식으로 말하면 의원들이 여의도의 국회의사당이 아니라 여의도 광장에서 정치를 한 것이다. 지금과 마찬가지로 그때도 사람들이 모두 바빠 한 번에 모인 사람은 5천~6천 명 정도였다. 그것도 모두 자발적으로 모인 것이 아니라 집행관들이 저잣거리에서 노니는 사람들을 동아줄로 묶어 소 떼 몰듯 끌고 오기도 했고 민회출석 수당을 주기도 했다. 물론 모든 참석자들이 다 그렇게 끌려왔던 것은 아니다. 대부분은 자발적으로 모였다.

광장에서는 누구나 자유롭게 말할 수 있었고, 말을 한 사람은 면세의 특권을 누렸다. 그러니 누구나 말을 하고 싶어 했으리라. 민회는 법안의 의결, 전쟁의 선포, 조약에 대한 인준, 공직자에 대한 통제, 매년 10명의 군사령관 선출 등 국정에 관한 거의 모든 권한을 행사했다. 말하자면 우리의 국회와 진배없었다.

한편 행정부인 평의회는 행정일을 하고 싶어 하는 시민 중에서 추첨한 5백 명으로 구성됐고, 매일 회의를 열어 국사를 처리했다. 의원의 임기는 1년이었고, 의장은 매일 아침 뽑혔으며, 평의회의장이 민회의장도 겸했다. 따라서 대통령과 국회의장을 겸하는 중책의 목숨이 겨우 하루살이였던 셈이다. 5백 명 중 365명이 돌아가며 그 중책의 자리에 앉았고 그 자리에는 평생 한 번만

앉을 수 있었다.

공무원이나 법관도 추첨으로 뽑혔다. 임기는 1년이었고 재선은 불가능했다. 이렇듯 시민권을 가진 이들의 대부분에게 공직 출세의 길이 열려있었다. 단, 공직은 무보수 명예직이어서 돈벌이는 되지 않았다.

그렇다면 당장 의문이 생긴다. 국민 모두가 그 정도로 다 똑똑했느냐는 의문이 들 것이다. 사실 그들은 똑똑했다. 그들은 6세부터 18세까지 매일 학교에서 공부를 했다. 그것도 우리처럼 쓸모도 없는 것들을 잔뜩 외우는 공부가 아니라 그야말로 실용적인 것들을 배우는 공부였다. 특히 웅변술이 중시되었기 때문에 12년간 공부하고 나면 모두가 말을 잘 했으리라. 그 밖에도 그들은 2년간 군대에 복무했고 60세까지 징집상태에 있었다.

무엇보다도 그들은 어느 정도는 먹고살 만했다. 물론 빈부격차가 없었던 건 아니지만 지금 우리나라만큼 심하지는 않았다. 모두가 검소하게 살았으며, 허드렛일은 노예가 담당했기 때문에 시민이면 적어도 그런 노동으로부터는 해방된 상태였다.

더 중요한 문제로는 다른 걱정이 없었느냐, 가령 우리나라처럼 강대국의 침략에 시달리지 않았느냐는 점도 있겠다. 사실 우리 옆에 중국이 있었듯이 그리스 옆에는 강대한 페르시아 제국이 있었다. 우리가 중국인을 떼놈이라 부르며 욕했듯이 그리스인들은 페르시아를 욕했다. 결국 전쟁이 터졌다. 10명의 사령관이 매일 번갈아 가며 지휘를 맡아 토론에 토론을 거듭하며 전쟁을 해서 크게 이겼다. 그 승전을 알리기 위해 기원전 490년에 한 전령이 42킬로미터를 3시간 만에 뛴 것이 마라톤의 기원이다.

이럭저럭 세월이 흘러 페리클레스가 등장한다. 일생 동안 스무 번쯤 군사령관을 한 그는 우리의 군사독재자들과는 달리 민주주의의 완성자였다. 그는 시민들을 더욱 더 적극적으로 정치에 참여하도록 유도하기 위해 공직을 맡는 이들에게 약간의 보수를 지불했다. 그리고 완벽한 표현의 자유를 보장했다. 바로 그 시절에 파르테논 신전 등의 건물이 지어졌고, 세계문학의 효시를 이루는 그리스 희곡이 씌어졌으며, 역사와 철학이 꽃피었다. 그리고 소크라테스가 등장한다.

언론의 자유를 누린 아테네인

아테네에 가서 무엇을 보았느냐고 묻는 사람에게 나는 대답한다. 내가 아테네에서 본 것은 언덕과 시장뿐이라고. 언덕 위에 그 유명한 파르테논 신전이 있고, 시장에는 상점과 소크라테스가 대화하던 장소, 그리고 그가 사형을 선고받은 법원이 있다. 시민 모두가 참석한 민회 회의장은 시내에서 좀 떨어진 들판에 있다. 소크라테스의 집은 아마도 시장에서 가까웠으리라. 그는 평생을 그곳 장터에서 떠들다가 그곳 법원에서 재판을 받고 죽었다.

말한다는 것은 바로 언론이다. 지금의 우리처럼 그리스에서도, 특히 아테네에서는 언론의 자유가 보장됐다. 소크라테스는 그런 자유를 누린 언론인이었다. 그런데 그는 지금의 우리 언론인들처럼 직업적으로 언론활동을 한 사람이 아니라, 평생 돈 한 푼 받지 않고 사람들을 깨우치고자 노력한 언론인이었다.

그러나 소크라테스가 특별한 사명감이 있거나 재능이 있어서 언론활동을 한 것 같지는 않다. 물론 소크라테스에게 사명감이나 재능이 전혀 없었다고 단정할 수는 없다. 그렇지만 그때나 지금이나 그리스 사람들은 남들과 이야기하기를 너무나도 즐기며, 이런 맥락에서 소크라테스의 언론활동도 바라봐야 한다. 그리스 사람들이 그런 특성을 갖게 된 이유로는 흔히 그곳의 기후조건이 지적된다. 예컨대 다음과 같은 설명이 있다.

> 그리스의 청명한 대기와 더불어 풍경의 뚜렷한 윤곽과 색조는 북쪽이나 남쪽에서 온 여행자에게 그가 어떤 다른 세계에 들어섰음을 보여준다. 여행자는 특히 여름에 올 경우 토지의 척박함에 놀랄 것이다. […] 토지가 척박해서 고대 주민 가운데 가장 부유한 층도 그다지 호화롭게 살지는 못했으나, 한편으로는 비교적 빈약한 자원으로도 충분히 생활을 꾸려나갈 수 있었다. 그리고 기후는 온화하여 사람들을 집안에 머물게 하지 않고 이웃들과 만나고 어울리도록 바깥으로 끌어낸다.

이 글은 고대 그리스사의 권위자라는 앤드류스가 쓴 《고대 그리스사》의 1장 '지리와 기후'의 첫머리에 나온다. 이 글에서 남쪽, 북쪽이란 유럽의 남북을 말하는 것이리라. 그러나 이 글에서 앤드류스가 말한 바와 달리, 한국에서 간 나는 그곳 토지의 척박함에 전혀 놀라지 않았다. 왜냐하면 그곳의 토지는 우리나라의 토지와 무척 닮아있었기 때문이다. 그 다음 글도 읽어보자.

> 그리스인들은 다소 부족한 듯한 복장으로 햇빛보다는 그늘을 찾으면서 거의 일년 내내 옥외에서 일하고 먹고 대화하며 지냈다. […] 결론적으로 그리스인들은 매우 공적인 생활을 영위했다. 개인에 대한 공동체의 압력은 여가시간의 대부분을 실내에서 보내야 하는 기후 속에서보다는 더 큰 편이었다.[28]

우리는 소크라테스나 플라톤이 어깨를 드러내고 한 폭의 비단 조각을 두른 듯한 복장을 한 그림을 기억한다. 그리고 그런 복장으로 사철을 지내도 좋을 정도로 그리스가 일년 내내 온화한 지중해성 기후라는 것을 안다. 일년 내내 기후조건이 나빠 주로 실내에서 생활하는 유럽 북쪽의 사람들과 달리 그리스인들은 그런 기후 덕분에 집 밖에서의 공적 생활, 특히 대화하며 사는 생활이 가능했다는 것이다.

그러나 지중해성 기후가 왕성한 언론활동을 가능하게 한 유일한 조건이었다면, 그리스뿐만 아니라 지중해 연안에 위치해 엇

비슷한 기후 조건을 가진 다른 많은 국가에서도 마찬가지 현상이 나타났어야 한다. 그러나 우리는 터키, 이집트, 알제리 같은 지중해 연안 국가의 국민들이 왕성한 언론활동을 했다는 이야기를 들어본 적이 없다. 심지어 같은 그리스 안에 스파르타처럼 전혀 민주적이지 못한 나라도 있었다. 따라서 기후조건만으로는 그리스의 자유로운 언론문화를 설명할 수 없다.

발칸 반도의 최남단에 위치한 그리스는 산이 많은 본토와 수많은 섬으로 구성돼 있다. 전체 면적은 13만 제곱킬로미터로 남한 면적(약 10만 제곱킬로미터)보다 조금 큰 정도다. 그러나 인구는 약 1천만 명 정도로 거의 5천만 명에 육박하는 남한보다 인구밀도가 훨씬 낮다.

육지 중 산지의 비율은 그리스가 80퍼센트, 한반도는 70퍼센트라고 한다. 두 나라 모두 남북을 관통하는 중앙산맥이 있고, 다시 동서로 무수한 군소산맥이 있다. 이런 지형으로 인해 산맥들에 가로막힌 소지역들 사이의 교통이 종횡으로 분단되므로 옛날에는 사실상 교통이 불가능했을 것이다. 게다가 고대 그리스는 자연 강우에 의존하는 농사와 목축을 했기 때문에 이집트의 나일 강 유역이나 중국의 황허 강 유역에서와 같은 치수와 관개사업이 필요하지 않아, 소위 동양적 전제주의와 통일국가의 성장은 처음부터 불필요했다. 따라서 폴리스라는 소규모 고립사회가 형성됐다.

그렇다면 우리의 고대사회도 어쩌면 그리스와 마찬가지가 아니었을까 하는 의문을 나는 갖는다. 물론 우리 고대사에도 그런 고립사회가 있었다고 말하는 사람들이 이미 있다. 나의 의문은, 가령 삼국시대나 고려, 심지어 조선까지도 사실은 그런 소지역들의 연합 같은 게 아니었을까, 즉 동양적 전제주의의 통일국가는 아니지 않았을까 하는 것이다.

여하튼 그렇게 형성된 폴리스에서 그리스인, 그중에서도 아테네인은 말하기를 좋아하는 사람들로 살았다.

> 구어를 통한 직접적인 의사표시가 지배적이었다. 웅변이 정치에서 결정적인 역할을 했다면 연설문은 부차적인 것이었으며, 시는 아마도 고전기 이후 세련된 취향을 갖게 된 소수의 사람들을 제외하면 낭송을 위한 것이었지 소리 없이 읽기 위한 것은 아니었다.[29]

이처럼 그리스인들은 모두가 말을 하는 인간이었다. 그들은 인간이란 누구나 각기 갖고 있는 개인적인 가치대로 존중돼야 하며, 나아가 모든 사람은 인간이라는 이유만으로 존중돼야 한다고 생각했다. 그러나 이런 생각에서 나오는 말은 무질서를 초래할 수도 있었다. 그래서 말로 인한 분열은 법으로 다스려야 한다고 그리스인들은 생각했다.

인류의 고대문명에서 법이 처음 등장한 곳은 그리스가 아니다. 바빌로니아의 법전이나 유대 모세의 율법이 그 전에 나타났다. 그러나 기원전 7세기에 등장한 그리스법은 종래의 다른 법들과 달랐다.

첫째, 그리스법은 신이나 군주의 의사를 실행하기 위한 것이 아니라 모든 인간의 생명과 재산을 보호하기 위한 것이었다. 둘째, 그것은 왕이나 신관(神官)이 멋대로 바꿀 수 있는 것이 아니었다. 민중의 동의 위에 성립된 것이므로 민중의 승인 없이는 바꿀 수 없었다. 셋째, 법의 적용을 결정하는 재판은 민중에 의해 행해졌다.

즉 민주주의 법원리와 법제도가 그리스에서 처음으로 나타났고, 그것이 서양 법제도의 근본이 됐다. 우리는 흔히 로마법을 서양법의 토대라고 생각하지만, 로마법이라는 것도 사실은 그리스법에서 비롯된 것이었다. 이러한 말과 법의 모습을 우리는 질서와 균형을 존중하는 그리스 미술의 특징에서도 발견할 수 있다. 반면에 법과 말의 모순을 우리는 소크라테스에게서 발견할 수 있다.

고대 그리스의 역사

그리스란 우리나라를 코리아라고 하듯 영어식으로 부르는 이름이고, 그리스어로는 헬라스(Hellas)다. 그리스를 희랍(希臘)이라고 부를 때도 있는데, 이는 헬라스의 한자표기를 그대로 음독한 것이다.

헬라스는 고대 그리스인이 자신들의 나라에 붙인 이름으로, 오늘날에도 그리스인은 자기 나라를 헬라스라 부른다. 그리스어 발음은 '엘라스'이나 여기서는 헬라스라고 하자. 그리스인들은 자기 나라를 전설의 영웅 헬렌(Hellen)이 만들었다고 생각하고, 스스로를 헬렌의 후손이라는 뜻으로 헬레네스(Hellenes)라고 부른다. 오늘날 헬렌은 여성의 이름으로 주로 쓰이지만 그리스의 영웅 헬렌은 여성이 아니라 남성이었다. 그리스인은 이민족을 야만인이라는 뜻의 바르바로이(Barbaroi)라고 불렀고, 이는 헬레네스에 대응되는 개념이었다.

현대 그리스의 영어 국명은 헬레닉 공화국(Hellenic Republic)이다. 헬레닉 또는 헬레니즘은 헬라스에서 나온 것이다. 헬레닉이란 우리가 헬레니즘(Hellenism)이란 말로 아는 그것이다. 헬레니즘은 그리스 문화나 그리스 정신을 뜻하는 경우도 있지만, 고전기 그리스의 뒤를 잇는 한 시대를 뜻하기도 한다. 아마도 그리스라는 나라의 이름에서 말하는 헬레닉이란 전자를 뜻할 것이나, 학문적으로는 후자를 뜻한다.

학문적 관점으로 볼 때 헬레니즘 시대를 언제로 볼 것인가에 대해서는 여러 가지 견해가 있으나, 대개 알렉산더의 페르시아 제국 정복(기원전 330년)에서 로마의 이집트 병합(기원전 30년)까지의 3백 년간을 뜻한다. 따라서 소크라테스가 살았던 시기는 학문적 관점에서 본 헬레니즘 시대에는 속하지 않는다.

헬레니즘으로 지칭되는 그리스 문화, 그리스 정신을 한마디로 정의하기는 어렵다. 그리스 문명이라고 하면 흔히 그리스에서 미케네 문명이 몰락한(기원전 13~10세기) 후 암흑시대를 거쳐 기원전 8세기 중엽부터 발달하기 시작해 고전기(기원전 5~4세기)에 전성기를 이룬 문명을 말한다. 따라서 일반적으로 헬레니즘이라고 하면 알렉산더 이전도 포함한다.

흔히 유럽 문명의 원류라고 하는 그리스 문명이 바로 이 헬레니즘 문명이다. 이 문명은 폴리스의 시민들이 이룩한 것이라는 점에서 폴리스의 발전과 밀접하게 관련된다. 즉 정치적으로는 귀족정, 과두정, 참주정을 거쳐 민주정이 실현된 다음 쇠퇴했고, 경제적으로는 농업을 기반으로 하면서도 상공업과 무역이 발달했고, 이런 폴리스 사회를 모태로 해서 철학, 과학, 문학, 미술 등의 문화가 발달했다. 그리고 그 중심은 아테네였다.

여기서는 특별히 기원전 8~4세기의 그리스 역사를 살펴보도록 하자. 기원전 8세기에 토지 사유화의 경향이 뚜렷해지고 대토지 소유자인 귀족이 군사적, 정치적 권력을 장악함으로써 미케네 시대의 왕정이 무너지고 왕권이 쇠퇴했다. 그 왕정이라고 하는 것도 전제적인 통일국가의 그것은 아니었다. 여하튼 귀족이 지배하기에 편리한 언덕(아크로폴리스)에 모여 살면서 폴리스가 성립됐다.

아테네에서 귀족의 지배권이 확립된 것은 기원전 683년부터 임기 1년의 아르콘(archon) 9명이 정권을 잡은 이후였다. 이때 신흥세력으로 떠오른 평민이 귀족과 대등한 발언권을 요구함으로써 상호 대립상태가 초래됐고, 이런 대립을 완화시키기 위한 개혁이 이어졌다. 기원전 594년에 아르콘으로 선출된 솔론이 아테네에서 시행한 개혁도 그중 하나였다. 솔론의 금권정치에 이어 기원전 561년에는 페이시스트라토스에 의한 참주정이 들어섰다.

기원전 510년에 참주정이 종식된 뒤 기원전 508년에는 솔론계의 평민파였던 클라이스테네스가 집권해 민주정의 기초를 세웠다. 그는 먼저 귀족세력을 타도하기 위해 종래의 혈연중심적 부족 구획을 지역적인 10개 구로 나누고 각 구에서 50명의 대표를 추첨으로 뽑아 500인 평의회를 구성했다. 이 500인 평의회는 모든 시민이 참석하는 민회에 대응하는 상설 정무기관이었다. 클라이스테네스는 이어 명문 가문의 정치기반을 파괴하고 새로운 참주가 등장하는 것을 막기 위해 도편추방제(陶片追放制, Ostracism, 시민들이 비밀투표로 장차 참주가 되려는 야심가를 가려내 나라 밖으로 추방하는 제도)를 도입하여 시민 중심의 민주주의 질서를 구축했다. 한편, 아테네에 맞설 수 있는 유일한 폴리스였던 스파르타는 식민지의 반란으로 인해 극단적인 군국주의와 쇄국주의를 실시했으며, 국민들은 근검절약하는 생활을 했다.

아테네와 스파르타의 협조를 받아 그리스는 페르시아와의 전쟁에서 두 차례(마라톤 전투와 살라미스 해전)나 승리했다. 승전의 기쁨이 채 식기 전인 기원전 469년에 소크라테스가 태어났다. 이어 등장한 페리클레스의 15년 계획의 시대에 아테네는 그리스

문화의 참된 중심으로 변한다. 그러나 아테네와 스파르타 사이에 벌어진 펠로폰네소스 전쟁으로 인해 패전국인 아테네는 물론

● 그리스 민주정 연대기

(기원전) 594년	솔론의 민주개혁
561년	참주정 시작
510년	참주정 타도
508년	클라이스테네스가 민주정의 기초 수립
490년	페르시아와의 전쟁, 마라톤 전투에서 그리스가 승리
480년	페르시아와의 전쟁
479년	살라미스 해전에서 그리스가 승리, 페르시아와의 전쟁 끝남.
443년	페리클레스의 15년 계획 시작
431년	펠로폰네소스 전쟁 발발
429년	페리클레스 사망
411년	400인 과두정 수립
404년	아테네 항복, 30인 정권 수립
403년	민주정 회복
399년	소크라테스 재판
334년	알렉산더의 동방원정 개시
323년	알렉산더 사망
322년	아테네 민주정 종료

승전국인 스파르타도 엄청난 피해를 입었다. 이 전쟁이 끝난 지 5년 뒤인 기원전 399년에 소크라테스는 재판을 받았다. 그가 스파르타를 좋아했고 제자 중에 스파르타 편이라고 볼 만한 사람이 있다는 이유에서였다.

소크라테스가 재판을 받고 처형된 지 4년 뒤에 코린트 전쟁이 터졌고, 아테네는 다시 스파르타에 패했다. 이 전쟁으로 인해 아테네를 비롯한 폴리스는 더욱 쇠퇴해졌다. 결국 기원전 338년에 그리스 북방의 왕국인 마케도니아가 침략해옴으로써 폴리스는 독립된 정치단위로서의 기능을 완전히 상실했다. 이어 마케도니아의 알렉산더 대왕에 의한 페르시아 원정으로 헬레니즘 시대가 시작되면서 그리스 민주정과 고전문명은 끝이 났다.

고대 그리스의 민주주의 정신과 그 구조

펠로폰네소스 전쟁이 터진 직후인 기원전 431년과 430년에 걸친 겨울에 페리클레스는 전몰자들을 위한 추도연설에서 다음과 같이 말했다. 이것은 그리스 민주주의의 정신을 가장 잘 보여준 기록이다. 먼저 그는 아테네인이라면 당연히 정치에 관심을 갖는다고 역설한다.

적어도 아테네 시민은 내 몸과 마찬가지로 국가에 대해 관심이 없는 자가 없다. […] 대체로 정치에 관심이 없는 사람은 자기 일에 열성이 있는 사람이라고 말할 수 없다. 아니, 오히려 우리 아테네에서는 전혀 소용없는 자라고 나는 말하고 싶다. […] 여러분이 다른 나라 사람들과 다른 점은 바로 이 점일 것이다. 게다가 여러분들은 용기와 통찰력이 풍부하다. […] 참으로 용기 있는 사람이란 인생의 즐거움, 무서움이 무엇인가를 잘 알고, 그러면서도 무슨 일에 대해서도 감히 도전을 하는 사람을 말한다. […]

우리가 행하는 정치를 민주주의라고 한다. 왜냐하면 우리의 주권은 소수의 특권계급 사람들만의 것이 아니고 우리 시민 자신이 장악하고 있기 때문이다. 개인끼리의 분쟁을 해결하는 경우 법 앞에 모든 사람이 평등한 권리를 갖고 있다. 어떤 인물을 사회적으로 책임 있는 지위에 오를 사람으로 선출할 경우 우리가 문제로 삼아야 할 것은 어디까지나 그 개인의 능력이지 결코 문벌 등이 아니다.[30]

이 연설의 내용 중 공직자를 선출할 때 문제 삼아야 하는 것은 개인의 능력이라고 한 부분에 대해서는 약간의 보충설명이 필요하다. 고대 그리스에서 공직자는 추첨에 의해 뽑는 게 일반적이었고, 선출에 의해 뽑는 것은 지극히 예외적인 경우에 속했다. 하지만 선출할 경우에는 그 선출 기준을 공직 수행에 필요한 전문적인 능력에 두지 않고 훌륭한 덕성에 두었다.

그리스 민주주의는 그 중심에 민회, 평의회, 민중법원이라는 민주적 기관을 두고, 그 밑에 아르콘을 비롯한 공무원을 두었다.

아르콘은 오늘의 수상이나 대통령 또는 장관이라고도 할 수 있는 9명의 최상위 공무원이었는데, 그들은 정치의 중심이 아니라 어디까지나 앞에서 말한 세 가지 민중기관의 하위에 있는 사람들에 불과했음에 주목할 필요가 있다. 민회, 평의회, 민중법원을 우리의 입법부, 행정부, 사법부라는 3권분립 체제와 같다고 보는 견해가 있으나, 원리는 같았는지 몰라도 구체적인 내용이 반드시 같지는 않다.

민회는 최고 의사결정기관, 평의회는 이행기관, 민중법원은 재판기관이라는 점에서 보면 각각 입법부, 행정부, 사법부라고도 말할 수 있으나, 이는 지극히 피상적인 관찰이다. 뒤에서 살펴보겠지만, 민회는 단순한 입법기관이 아니라 국정의 기본을 담당하는 행정부이자 스스로 재판을 담당하는 사법부이기도 했다.

그럼에도 불구하고 권력분립의 원리는 같다. 흔히 권력분립론의 기원을 몽테스키외에서 찾지만, 그 사상적인 기원은 아리스토텔레스까지 소급될 수 있다. 실제로 고대 아테네의 헌법에는 3권분립(입법권의 경우는 현대의 입법권과 다르지만)이 규정돼 있었다. 아리스토텔레스는 이렇게 말했다.

> 모든 헌법에는 세 가지 요소가 있다. 첫째는 공무에 관하여 심의하는 요소, 둘째는 행정에 관한 요소, 셋째는 사법권을 갖는 요소다.[31]

여기서 아리스토텔레스가 헌법의 중요한 세 가지 요소 중 하나로 입법권을 들지 않고 공무에 대한 심의를 들었다는 점이 주목된다. 아테네 민주주의에서는 공직자의 책임성이 행정, 사법과 함께 가장 중요한 요소였다.

또한 그리스의 3권분립은 절대적인 직접민주주의 체제였으므로 공무행위의 위법성에 대해 심사를 하는 쪽인 민중법원과 심사를 받는 쪽인 민회에 동일한 시민들이 구성원으로 참가했다는 점에서 양쪽이 엄격히 독립된 현대의 권력분립 제도와 달랐다.

나아가 고대 아테네에는 권력분립에 따른 사법심사의 원리도 존재했다. 고대 아테네인들은 법의 절대성을 인정해서 그 개정을 부정했으므로 헌법은 경성헌법적 성격을 띠었고, 헌법 규정을 보호하는 일은 시민의 신청에 의해 민중법원이 수행했다. 민회의 행위에 대한 배심법원의 심사는 현대의 헌법재판소에 의한 위헌심사와 유사했다. 합법성에 관한 판단은 국가의 모든 활동에 미쳤고, 아르콘의 행위도 심사대상이 됐다. 아르콘에 대해서는 그 자격의 유무를 심사했고,[32] 권한을 남용하거나 부당행위를 할 경우에는 소추를 했다.[33]

이어 고대 그리스 민주주의의 중심이었던 민회, 평의회, 민중법원 등의 민주적 기관들을 먼저 검토하고, 이들 민주적 기관 아래서 행정실무를 담당했던 공무원에 대해 살펴보자.

최고 의사결정기관인 민회

아테네 시내에서 서쪽으로 꽤 떨어진 프닉스 언덕. 인적이 없는 넓은 들판에 있는 이 언덕에 옛 민회 회의장의 흔적이 남아있다. 아크로폴리스에서는 얼마 떨어져 있지 않아 바로 내려다보인다. 주변은 2천여 년 전에도 들판이었지만 지금도 들판이다. 그리스 어디에서나 볼 수 있는 올리브 숲을 여기서도 볼 수 있다.

지금 남아있는 민회 회의장의 흔적은 거대한 바위에 붙은 자그마한 석회암 연단 앞으로 부채꼴로 펼쳐진 넓은 청중석뿐이다. 이곳은 관광지로는 각광받지 못해 언제나 조용하지만 고대 아테네 민주주의의 유적으로는 가장 중요한 곳이다. 청중석의 면적은 5550제곱미터이고 수용 가능한 인원은 1만 4천 명 정도다. 바위에 붙은 연단은 돌로 된 계단 세 개에 불과하고, 그 높이가 1미터 정도일 뿐이다. 연단의 넓이도 몇 사람이 서면 꽉 찰 정도로 좁다.

민회는 아테네 민주정의 최고 의사결정기관으로서 시민이면 누구나 그 집회에 참가하여 발언할 수 있었고, 1인 1표의 투표권을 행사했다. 18세 이상의 성년 남자라면 누구나 토지소유 여부나 재산의 많고 적음에 관계없이 평등한 권리를 부여받았으나, 20세까지는 군사훈련을 받아야 했으므로 실제로는 20세 이상이 돼야 그런 권리를 누렸다. 유일한 예외는 형벌에 의해 시민권이 정지된 경우였는데, 일례로 국가부채를 갚지 않은 자는 민회에 참여할 수 없었다.

민회의 소집은 의장이 개회 나흘 전에 아고라에 있는 게시판에 민회의 개회 일정과 의제를 공고하는 방식으로 이루어졌으며, 비상시에는 하룻밤 만에 민회가 소집됐다. 개회일에는 사람들을 민회에 참가하게 하기 위해 아고라에서 프닉스 언덕까지의 모든 노점이 철거됐고, 하루치 임금에 해당하는 수당이 지급되기도 했으며, 강제동원 방법도 사용됐다.

종래에는 그리스의 민회에 시민들이 적극적으로 참가하지 않았고, 따라서 직접민주주의의 현실과 이상 사이에 괴리가 컸다고 보는 견해가 일반적이었다. 이를 뒷받침하는 논거 가운데 하나가 지리적 조건이었다. 즉 아테네인들 중에는 민회 회의장으로부터 40킬로미터 이상 떨어진 곳에 사는 이들도 있었을 텐데 그런 곳에서 회의장까지 가려면 걸어서 꼬박 하루가 걸렸을 것이고 그런 상황에서 1년에 40회나 민회에 참가한다는 것은 불가능하다는 주장이었다.

그러나 당시의 사람들에게 그 정도 걷는 것은 결코 특별한 일이 아니었다. 유럽에서는 19세기까지도 사람들이 매주 6일, 매일 16킬로미터 정도를 걸어서 출퇴근했다. 사실 나도 중고등학교 시절에는 그 정도 거리를 걸어서 등하교했다. 게다가 기원전 5세기에서 4세기로 넘어오면서 아테네 시민들은 대부분 민회 회의장 주변의 시가지에 몰려 살게 됐다.

여하튼 당시 아테네인들은 정치참가를 중시하고 즐겼기 때문에 민회에도 적극적으로 참석했으리라 추측된다. 멀리 떨어진 곳에 사는 농민도 모든 것을 자급자족할 수는 없어 자주 아고라에 다녔기 때문에 민회 출석에 큰 어려움이 없었을 것이다.

민회는 해가 뜨자마자 시작됐으므로 사람들은 해뜨기 전에 언덕으로 갔다. 먹고 마실 것도 빠지지 않았다. 사람들이 모이면 종교적 예식이 거행됐다. 어린 돼지를 죽여 그 피를 뿌리는 정화의 의식을 통해 성스러운 곳이 된 회의장에서 사람들은 기도를 올렸다. 기도의 내용은 민회가 신의 뜻에 따라 아테네와 그 시민들을 위해 최선의 것을 행하게 해달라거나, 반민주주의자나 돈을 받아먹고 발언하는 자는 신의 이름으로 저주받고 그렇지 않은 자는 축복을 받게 해달라는 것 등이었다. 그러고는 제물을 바쳤다.

당시 그리스인은 대단히 종교적인 사람들이었다. 민회 도중에 천둥이 치면 그들은 신들의 아버지인 제우스의 벌이라고 생각하여 즉각 회의를 중단하고 집으로 돌아갔다.

회의장에서 가장 눈에 띄는 이는 전령이었다. 전령은 목청이 좋은 사람들 가운데서 선거로 뽑았다. 전령은 의장의 지시에 따라 개회를 선언하고 의제를 낭독한 다음 "누구 말할 사람 없습니까?"라며 발언자를 찾았다. 그러면 누군가가 연단에 올라 "아테네 시민 여러분!" 하고 말을 시작했다. 그가 얼마간 말을 하다가 그치면 군중들로부터 "옳소!" 또는 "내려와!" 하는 소리가 터져 나왔다. 그러면 전령이 "다들 조용히 하라"고 말했다. 이럴 때면 소란을 진정시키기 위해 경비노예가 연단으로 올라가기도 했다.

각자가 발언하는 데는 시간제한이 없었고, 발언자 수에도 제한이 없었다. 몇 사람의 발언이 끝나면 서기가 제기된 의안을 읽고 의장이 의안 채택의 절차에 들어가 거수투표로 의안을 가결시키거나 부결시킨다. 이런 절차가 몇 번 되풀이되면 그날 결정해야 할 의안이 모두 다루어진다. 회의는 대부분 오전 중에 끝났다.

1만 명 이상이 모여 이렇게 회의를 진행했다는 사실에 우리는 놀라지 않을 수 없다. 왜냐하면 3백 명도 채 안 되는 우리나라 국회의 상태를 잘 알기 때문이다. 지금 남아있는 어떤 사료에서도 당시의 민회에서 난투가 있었다는 기록은 찾을 수 없다. 회의가 아무리 흥분된 분위기였어도 폭력에까지 이른 사례는 없었다.

4회당 1회의 민회는 중요민회로서 특히 중요한 안건을 다루었다. 가령 국토방위, 곡물 공급, 국사범 탄핵재판 발의 등이 중요민회의 안건에 올랐다. 그리고 1년에 1회씩은 중요민회에서 도편추방이 발의됐다.

민회의 권한 가운데 가장 중요한 것은 군사행동을 포함한 외교문제에 대한 결정권이었다. 즉 다른 나라에 대한 선전포고, 강화와 동맹조약의 체결, 외교사절의 파견, 병력의 동원, 함대의 파견, 전시의 재정조달 등이었다. 그리고 국가공로자에 대한 표창, 외국인에 대한 시민권 부여, 그리고 법률과 제도의 제정 및 개정도 민회의 권한에 속했다. 장군과 재무관 등의 선거도 1년에 한 차례 민회에서 실시됐다. 그러나 국가재정과 경제, 교육정책은 민회의 소관사항이 아니었다. 대규모 공공사업은 민회의 결정을 거쳐야 했으나, 재정의 문제는 평의회에 맡겨졌다.

의안은 평의회에 의해 미리 상정됐고, 민회는 상정된 의안을 그대로 재가 또는 수정하거나 민회의 독자 안을 가결하기도 했다. 평의회는 각 부족당 50명씩 500명의 평의원으로 구성됐다. 기원전 5세기에는 10개 부족이 1년에 한 번씩 돌아가며 당번 평의원을 내어 민회와 평의회의 의장단을 구성했으나, 기원전 4세기에는 의장이 매수되는 것을 방지하기 위해 당번 평의원을 낸 부족을 제외한 9개 부족의 평의원 중에서 1명씩 선발된 9명이 하루씩 민회와 평의회의 의장단에 들어갔다. 소크라테스도 평생 단 한 번 당번 평의원으로 민회와 평의회의 의장단에 소속돼 하루를 지냈다.

기원전 5~4세기에는 특별히 중요한 안건에 대해서는 6천 명의 정족수(의사를 진행하고 결정하는 데 필요한 최소한의 출석 인원)가 필요했고, 그 의결은 거수가 아니라 무기명 투표에 의했다. 가령 시민권을 외국인에게 부여하는 안건이나 특정 개인을 대상으로 한 입법의 경우에 그렇게 했다. 그러나 보통은 거수로 안건에 대한 결정을 했다.

그러나 1만 명에 이르는 참가자가 하루에 25회 이상 의안 채택을 위해 거수를 했다면 의안채택 절차만 해도 6시간 이상이 걸리므로 거수자의 수를 정확하게 계산한다는 것은 사실상 불가능했을 것이다. 아마도 회의 참석자의 거수 상황을 전체적으로 살펴보고 그때그때 신속하게 결정을 내렸을 것으로 추측된다.[34] 채택된 의안은 비문으로 새겨져 아크로폴리스 등 공공장소에 공시됐고, 그 가운데 일부가 지금도 남아있다.

최고 행정기관인 평의회

민회가 오전으로 끝나면 오후에는 아테네 시내의 시장인 아고라에서 평의회가 열렸다. 아고라는 평의회뿐만 아니라 민중법원과 각종 관청 등 공공건물이 집중된 곳이자 시장이기도 했다. 소크라테스가 재판을 받은 곳도 이곳에 있었고, 그가 갇혀 있다가 죽은 감옥도 이곳에 있었다. 그가 평생토록 사람들과 대화를 나눈 곳도 이곳이다.

소크라테스가 유일하게 공직에 취임했던 기원전 406~405년의 평의회 회의장인 '불루테리온'도 이곳에 있었으나 지금은 주춧돌만 남아있다. 이곳은 올림픽 우승자를 비롯해 최고의 명예를 얻은 사람에게 식사를 대접하는 곳이기도 했다. 소크라테스는 재판을 받으며 자신도 이곳에서 식사대접을 받아야 한다고 주장해 배심원들을 화나게 했다.

평의회는 클라이스테네스의 개혁 때 창설된 이후 거의 매일 열린 행정부였다. 평의회는 민회에 의안을 상정하는 역할 외에도 최고 행정기관으로서 막강한 권한을 갖고 있었다. 즉 재정업무 전반을 감독했고, 국가의 수입과 지출을 관리했으며, 군함의 건조와 관리, 아크로폴리스를 비롯한 공공 건축의 감독과 감사 등도 담당했다. 또한 재무공무원의 부정행위에 대한 벌금 부과를 결정하는 재판권도 갖고 있었다.

평의원은 30세 이상인 시민 가운데 부족별로 50명씩 추첨으로 선발돼 1년 임기로 근무했으며, 2년 연속 근무는 금지됐다. 여기서 부족이라 함은 아테네를 먼저 3개 구(해안, 시역, 내륙)로 나누고 그 각각을 다시 10개의 동으로 나눈 뒤 각 구에서 무작위로 1개 동씩을 뽑아 묶어 하나의 부족으로 삼은 것이었다. 가령 동구, 남구, 서구가 있고 각 구에 10개 동이 있다면 동구의 10개 동 중 1개 동, 남구의 10개 동 중 1개 동, 서구의 10개 동 중 1개 동을 묶은 3개의 동이 하나의 부족이 되는 것이다.

그리하여 혈연적으로는 물론 지리적으로도 구분되지 않는 추상적인 결사체 10개가 평의원이나 공무원을 선출했다. 이런 제도는 공정성을 보장하기 위한 것으로, 그전까지 혈연과 지연에 의존했던 그리스 사회의 폐단을 개혁하기 위한 것이기도 했다. 혈연이나 지연이 강하게 작용하는 곳에서는 지금도 이런 개혁을 실험해볼 만하다. 그러나 우리나라의 경우에는 이 정도로는 절대로 개혁될 수 없으리라.

이런 방식의 부족별 추첨에 의해 선발된 것이니만큼 평의원이 모든 사회계층에 걸쳐 공평하게 구성되었을 것이라고 예상하기 쉽지만, 사실은 그렇지 않고 부유층에 편중됐다. 민회에 참석하는 것과 달리 평의원이 되면 1년간 매일 출근해야 했으므로 시간적, 경제적 여유가 필요했기 때문이다.[35] 우리는 흔히 소크라테스가 가난했다고 알고 있지만 이는 사실과 다르다. 소크라테스의 부모는 재산등급이 최하인 노동자급이 아니라 농민급 이상이었다. 당시 아테네의 재산등급은 네 가지 급, 즉 5백 석급, 기사급, 농민급, 노동자급으로 나뉘어졌고, 각 급에 따라 공무에 참여하거나 평의원에 취임할 수 있는 권리가 달랐다. 가령 노동자급이면 민회에는 출석할 수 있어도 공무원칙이나 평의원에는 원칙적으로 취임할 수 없었다. 소크라테스는 자원하여 무장 보병으로 출전한 적이 있는데 이는 농민급 이상에서만 가능한 일이었다. 평의원이 되는 것도 농민급 이상에서만 가능했다. 평의원들은 각기 한 달 정도 당번으로 근무했고, 하루는 평의회 의장단의 일원으로 근무했다.

민주사법의 전당인 민중법원

소크라테스를 재판한 민중법원이 어디에 있었는지 정확히 알 수는 없으나, 대체로 아고라의 남서쪽 구석이나 북동쪽에 있었을 것으로 짐작된다. 민중법원은 대다수 소송의 최종심이었다. 앞에서 살펴본 민회나 평의회도 일정한 재판권을 행사했다.

만약 민회나 평의회를 우리나라에 도입한다고 하면 정말이지 세상이 시끄러워질 것이다. 가령 4천 5백만 명을 3만 명씩 나누어 1천 5백 개의 지역을 만들고, 1년에 40회씩 전체회의를 열어 중요 안건을 처리하고, 나머지 실무는 3만 명 가운데 5백 명을 추첨하여 매일 회의를 열어 처리하도록 하는 제도가 우리에게 가능할 것인가?

그런데 실천은커녕 이해하는 단계에서부터 문제가 있을 것으로 생각되는 것이 민중법원이다. 왜냐하면 우리에게는 민중이 재판을 담당했던 경험 자체가 없고, 따라서 그런 생각을 하기조차 어렵기 때문이다. 이런 점에서 나는 우리의 사법(司法)은 근본적으로 민주적이지 않다고 생각한다.

민주사법 또는 민주재판의 원형으로서 고대 그리스 재판제도를 검토할 필요가 있다. 특정한 타인의 의지가 아니라 민중의 자기결정에 의해 민중의 행위를 판단한다는 민주주의의 원리가 사법 또는 재판에 하나의 제도로 구체화된 것은 인류 역사상 고대 그리스의 경우가 처음이기 때문이다. 그것은 오늘의 기준에 비추어 보아도 가장 민주적인 제도이며, 역사에 나타난 각종 사회제도 중에서도 가장 위대한 성과의 하나로 평가되고 있다.[36]

그리스 신화에서 자연질서와 윤리질서의 여신으로 나오는 테미스는 하늘과 땅의 딸이다. 이는 그리스인들이 법을 인간의 기초적이고 본래적인 요소로 생각했다는 뜻이다. 그리고 테미스의 딸인 디케는 분쟁의 처리를 법에 근거한 정의에 부합하게 하기 위해 정의의 개념과 재판에 의거한다는 것을 상징한다.[37]

고대 그리스법은 기원전 3000년(크레타 – 미노아 시대)부터 기원전 1200~1000년(선주민족과 도리아인이 혼합된 역사시대), 그리고 유스티니아누스법(534년 공포)의 시기까지 고대 그리스의 여러 영역에서 발전된 법제도를 말한다. 그중에서 특히 중요한 시기는 기원전 5세기부터 4세기에 걸쳐 도시라는 정치조직이 번영한 시대다. 따라서 고대 그리스법을 그리스 도시법이라고 볼 수도 있다. 그리스에는 많은 도시가 있었으나 그 법제도는 거의 공통된 것이었고 그리스 철학에 기초를 두었다.[38]

호메로스와 헤시오도스의 서사시에 의하면, 기원전 7세기 말까지 그리스에서는 분쟁의 당사자가 격투나 대화를 통해 문제를 해결하는 경우도 있었으나[39] 결국 중립적인 제3자에게 분쟁의 해결을 위탁함으로써 재판절차의 기원을 이루었다.[40] 재판은 본래 신탁을 받은 왕이 갖는 권한으로 생각되기도 했으나,[41] 기원전 7세기에 이르면 왕은 더 이상 세습군주가 아니게 되면서 권능을 서서히 상실했다. 그리하여 군주가 아닌 장로[42]들이 아고라에서 민중을 앞에 두고 정의에 대한 공적인 관념에 따라 분쟁해결을 위한 판단을 내렸다.[43]

기원전 6세기부터 4세기까지 아테네에는 매우 정교한 민중재판 제도가 존재했다.[44] 분쟁해결이 국왕의 판단에 의하는가, 장로들에 의하는가, 민중의 판단이 영향력을 미치는가에 따라 각각 군주제, 귀족제, 민주정의 특징이 형성됐다. 고대 아테네에서 궁극적으로 재판절차의 주류를 이룬 것은 민중의 판단에 의한 재판이었다.[45] 그리고 그렇게 이행하는 과정에서 사건처리의 판단에 성문법에 의한 제약이 가해졌다.

아테네는 기원전 7세기 무렵 왕정에서 귀족정으로 이행했다.[46] 이행의 주된 계기는 아르콘에게 권력이 위양된 것이었다. 아르콘은 고전기 아테네에서 왕 위에 존재했다. 기원전 5세기까지 아르콘은 9명이 됐고, 기원전 487년까지는 선거로 선출됐으나 그 후에는 추첨으로 결정되어 결국은 특별한 출신배경이나 자격도 갖지 않은 일반인으로부터 나왔다.[47] 아르콘의 권력은 다시 여러 사람들에게 위양됐다. 법률사건은 대부분 아르콘 중 6명의 테스모데타이(법의 정립자 또는 규칙의 선고자)에 의해 처리됐으나, 다른 아르콘이 재판을 개최하고 민중이 판단한 경우도 있었다.[48] 이리하여 기원전 7세기부터 법률사건을 직접 처리해 오던 아르콘의 역할은[49] 기원전 4세기에 이르러 법원에 소를 제기하고 민중에 의한 재판을 준비하는 데 그치게 됐다.

아레오파고스라는 현대 그리스 대법원의 이름은 고대 그리스의 아레오파고스에서 유래한다. 아리스토텔레스에 의하면 기원전 7세기의 아레오파고스는 법의 수호자로서 그 권한이 무제한이었다.[50] 아레오파고스를 탄생시킨 사고방식은 프랑스혁명에 사상적인 영향을 끼쳐 프랑스 최고법원인 파기원(破棄院, Cour de Cassation)의 기원이 되기도 했다. 아레오파고스는 모든 재판을 담당한 것이 아니라 특정한 중대 범죄만 다루었으며, 기원전 461년 이후에는 고의적인 살인범죄의 재판만 담당했다. 아레오파고스 외에 추첨으로 선발된 51명의 에페타이(상소에 대해 판단을 내리는 사람)로 구성된 재판기관도 있었다.[51]

아테네의 최초 입법은 기원전 7세기 말에 드라콘이 만든 드라콘법이었지만 수십 년 뒤 솔론이 정치와 경제를 개혁할 때 드라콘법을 폐지하고 법제를 민주적으로 개혁했다. 이에 대해 아리스토텔레스는 다음과 같이 말했다.

> 솔론의 국제(國制) 중에서 가장 민주적인 특징을 갖는 것은 다음 세 가지다. 첫째는, 그리고 가장 중요한 것은 채무자의 신체를 담보로 하는 대부의 금지다. 둘째는 피해자가 누구이든 간에 그를 대신하여 손해배상 청구의 소를 제기할 권리를 모든 사람에게 인정한 점이다. 셋째는 민중재판에 호소할 수 있는 제도를 창설한 것이다. 민중은 민중법원에 의해 특히 자신의 힘을 얻을 수 있게 됐다. 왜냐하면 민주주의하에서 투표를 했을 때 민주주의는 국제를 지배하기 때문이다.[52]

아리스토텔레스가 말한 세 번째가 바로 헬리아이아(Heliaia)[53]라고 하는 민중법원이었다. 이것은 시민이 아무런 구별 없이 모두 재판관으로서 행동하는 것이 허용된 최초의 법원이었다. 그런데 솔론이 창설한 법원이란 아테네의 민회를 말하며, 그 민회가 재판 목적으로 열린 경우 그것을 헬리아이아라고 했다. 공무원의 판단에 불복하는 사람은 이 법원에 제소할 수 있었고, 솔론의 법률에 의한 법정 한도를 넘는 제재를 부과하고자 하는 경우에 공무원은 해당 사건을 이 법원에 회부해야 했다.[54] 이처럼 법원에 상소를 할 수 있었다는 것은 재판을 하는 최종 권한이 민중에게 있음을 뜻했다. 그리고 그 상소는 무료로 보장됐다.[55]

헬리아이아는 작게는 수백 명에서 많게는 수천 명의 디카스테스(배심원)[56]에 의해 집행된 공개재판이었다. 공개재판의 형태는 오래전부터 있어왔지만, 그중 가장 완성된 형태로 나타난 것이 바로 헬리아이아였다.

민주주의는 배심에 의해 실현된다

아테네에서 소송은 공법상의 소송과 사법상의 소송으로 나뉘었다. 이를 오늘의 형사소송과 유사한 공소(公訴)와 민사소송과 유사한 송사(訟事)로 구분하는 견해가 있으나[57] 공소니 송사니 하는 말을 통한 구분은 무의미하다. 여하튼 공법상 송사는 국가 공동의 이해관계가 문제되는 사건을 다루는 것이고, 사법상 소송은 소송당사자의 사적인 이해관계가 문제되는 사건을 다루는 것이다. 그리스의 공법상 소송과 사법상 소송을 오늘의 형사소송과 민사소송으로 볼 수도 있으나, 위에서 말했듯이 그리스에서는 살인사건이 사법상 소송으로 재판되는 등 현대의 소송과는 다소 차이가 있었음에 주의할 필요가 있다.

더욱 큰 차이는 재판관, 검찰, 변호사가 따로 있지 않았고 시민이면 누구나 그 모든 역할을 담당하는 아마추어리즘이 철저했다는 점이다. 특히 전문적인 변호사는 돈을 받고 변호를 한다는 이유에서 부정수뢰자로 여겨져 법에 의해 금지됐고, 법정변론의 대필업 정도만 인정됐다. 먼저 배심법원의 배심원 자격은 시민으로서의 권리를 모두 갖춘 30세 이상인 자로 그 임기는 1년이었으나, 기원전 4세기에 이르면 시민이라면 누구나 희망하기만 하면 종신 배심원이 될 수 있었다. 매년 6천 명의 배심원이 추첨에 의해 선발됐고(위협이나 수뢰를 방지하기 위해), 10개의 법원에 각각 5백 명씩 배치됐으며, 나머지 1천 명은 예비였다.

배심원들은 대부분 하층민 출신이었던 것으로 추정된다. 당시의 배심원 명찰이 최근에 1백여 개 발견됐는데 그중 3분의 2가 하층 출신이었다.[58] 배심원 명찰은 대부분 빈민층 공동묘지의 부장품으로 발견되었다. 상류층 묘지에서는 거의 발견되지 않았다. 이는 빈민층은 자신이 배심원임을 자랑한 반면 상류층은 그렇지 않았음을 보여준다.

공법상 소송의 배심원은 501명, 사법상 소송의 배심원은 201명을 각각 기본 단위로 하여 소법정을 구성하고 각 법정이 각각 상이한 사건을 심리했다. 가령 국가의 존립에 관련된 사건이면 복수의 법정을 구성하여 1천 명, 1천 5백 명, 2천 5백 명이 되기도 했으나 6천 명 모두가 하나의 소송을 심판한 경우는 없었다.

이처럼 그리스의 배심제는 오늘날 12명으로 구성되는 영미의 배심제나 평균 2명 정도로 구성되는 대륙법계의 배심제와 비교

할 때 그 규모가 월등했다. 그래서 그리스의 재판은 흔히 '극장재판'이라 불렸다.

소송은 언제나 하루 만에 끝났고 변론 시간도 물시계에 의해 통제됐으므로 민중소송을 당한다는 것은 상당한 위험을 무릅써야 하는 것이었다. 중재제도가 발달한 것도 그러한 재판제도의 결함을 보충하기 위해서였다.

재판절차는 처분권주의(소송의 개시, 심판범위의 특정, 소송의 종결에 관한 사항을 당사자의 처분에 맡기는 것), 당사자주의(법 절차의 진행에서 법원이 당사자의 공격, 방어 방법에 간섭하지 않는 것), 변론주의(민사소송에서 당자자는 소송자료로 사실과 증거를 제출해야 하고 법원은 당사자가 제출한 소송자료에 근거하여 판결하는 것)의 원칙에 따라 전개됐다. 고대 아테네에서는 정치제도가 서서히 변화되어 여러 가지의 판단을 행하는 권한이 민중에게 이행됨에 따라 법과정의 운용도 당사자인 사인(私人)에게 위임됐다. 그것은 개인의 정치적 자유의 확대를 뜻했다.

재판은 피고나 피고인을 중인 앞에 구두로 소환하는 것으로 시작됐다. 현재와 같은 검찰관 제도가 없었기 때문에 누구나 고소를 할 수 있었다(민중소추주의). 원고나 고발자는 공익에 관한 소송인 경우에는 그 고발 이유, 사익에 관한 소송인 경우에는 그 청구 원인을 법적 기초와 함께 서면으로 작성해 5일 이내에 담당 아르콘에게 보내야 했다. 소환된 피고 또는 피고인은 자신의 주장을 제출할 수 있었다. 이때 양 당사자는 자신이 주장하는 내용

이 진실하다는 것을 선서로써 맹세해야 했다.[59]

다음으로 법적 쟁점을 담당 아르콘 앞에서 명확하게 밝히는 구두변론이 공판 전의 예심절차(아나크리시스)로 행해졌다. 그것은 영미법계의 현행 예비심문 절차와 동일한 지침에 근거해 행해졌다. 여기서 공판 준비로서 아르콘이 소송당사자를 심문하고 증명 방법을 선택하는 것을 도왔다.[60] 소크라테스 재판의 경우에는 바실레우스라는 아르콘이 예심절차를 담당했다.

예비심문 절차가 종료되면 아르콘이 구두변론과 공판의 기일을 지정해 10개의 배심법원 가운데 하나의 법원에 그 사건을 회부하고 공판 심리를 주재했으나, 그 자신이 재판권을 행사할 수는 없었다. 사건의 분배는 테스모테타이가 담당했다.[61] 테스모테타이는 추첨으로 10명의 일반인 재판관을 선출할 의무도 졌다. 그중 1명은 변론자의 변론시간을 물시계로 쟀고, 4명은 투표를 감시했으며, 나머지 5명은 매일 지급되는 배심원 보수를 담당했다.

구두변론과 공판도 아르콘이 주재했다. 구두변론과 공판을 하는 날에 소송당사자는 증인과 지지자를 데리고 사건을 담당하는 공무원의 법원에 출두한다. 공중이 방청을 위해 둘러싸고 그 중간에 법정이 형성됐다. 법정의 정리가 공개절차의 개시를 고시하면, 법원의 서기가 당사자의 소장 및 반소(反訴)를 낭독했다.[62]

그 후 양 당사자는 높은 대 위에 서서 자기주장을 전개했다. 이때 시간제한이 있었으나, 소크라테스 재판처럼 공법상 소송인 경우에는 사법상 소송의 경우보다 변론시간이 길게 주어졌다.[63] 현대의 제도와 다른 특이한 점은, 변호사 없이 당사자가 변론을 했다는 점과 변론을 하는 중에도 증거가 법원에 제출됐다는 점이다. 법률조항이나 증인의 공술, 기타 문서 등 변론자가 배심원에게 들려주고 싶어 하는 것은 모두 서기에 의해 낭독됐다. 이에 걸리는 시간은 사익에 관한 사건일 경우 당사자가 배정받은 시간에서 제외됐다. 이와 같이 증거제출에 관해서는 구두주의가 취해졌다.[64] 기원전 4세기에는 당사자의 법정변론을 대필하는 전문가인 로고그라포스가 존재했다.[65] 또한 양 당사자는 변론을 2회 할 수 있었다.

당사자의 변론이 끝나면 배심원이 사실문제, 법률문제, 형평문제에 관해 투표로 평결을 했다.[66] 아르콘은 그 투표에 어떤 지시나 조언도 하지 않았다. 기원전 5세기에는 배심원이 1표씩 투표했다. 투표는 배심원이 지참한 둥근 돌이나 조개껍질을 2개의 항아리 가운데 하나에 넣는 식으로 진행했다. 항아리 중 하나는 유죄 또는 피고 패소, 다른 하나는 무죄 또는 피고 승소를 뜻했다. 항아리는 나뭇가지로 만든 뚜껑으로 덮어 투표의 비밀을 보장했다.[67] 기원전 4세기부터는 청동제의 투표구를 사용했다.[68]

평결은 투표의 과반수로 결정되고, 동수로 표가 나뉠 경우에는 피고의 승소 또는 무죄가 됐다.[69] 공익사건의 고발자는 투표수의 5분의 1을 획득하지 못할 경우 1천 드라쿠마의 벌금을 물고, 사후 같은 종류의 소추를 할 수 없게 됐다. 그리고 사익에 관

한 소송에서 패소한 원고는 자신이 청구했던 돈의 6분의 1을 피고에게 지급해야 했다.[70]

 배상액이나 양형이 법률상 정해지지 않은 사건이면 양 당사자가 주장하는 배상액이나 양형 중 하나를 배심원이 투표로 선택했다는 점도 현대의 배심제와 다른 점이다. 따라서 양 당사자는 그 제안도 해야 했으나[71] 그것은 결코 쉬운 일이 아니었다. 왜냐하면 자신이 제시한 배상액이나 형량이 과도하게 가벼우면 배심원은 상대방에게 투표할 것이기 때문이다.[72] 헬리아이아 법원의 판결에는 확정력이 부여되고[73] 상소는 예외적으로만 허용됐다.

고대 아테네 사법의 원리

고대 아테네의 법은 기원전 2세기인 146년 로마의 침입으로 인해 단절됨으로써 현대의 법제도에 거의 영향을 끼치지 못했다. 이렇게 된 가장 중요한 이유는 로마법의 발전에 있다. 수세기 후 그리스에는 로마법이 비잔틴제국의 법으로 제도화됐고, 이는 근대 그리스 국가에도 로마법을 계수한 독일법과 프랑스법을 모델로 하여 그대로 계승되었다.

 그러나 고대 그리스가 로마에 의해 정복된 기원전 146년 당시의 그리스법은 로마법보다도 진보적이고 유연하며 인도주의적이었으므로 그 기본 이념이 로마법에 상당히 반영됐다. 특히 형평(aequitas)이나 성실(bona fides), 복지(utilitas)와 같은 관념은 고대 그리스 철학을 통해 로마법에 도입됐고, 계약의 준수(pacta sunt servanda)나 비채변제청구권(非債辨濟請求權, condictio indebiti) 등도 그리스 철학의 영향을 받은 것이었다. 특히 기원전 30년 이래 헬레니즘의 영향으로 로마법이 변용됨으로써 소위 그리스-로마 시기가 시작됐다. 이렇게 볼 때 그리스법이 로마법에 미친 영향은 컸다. 그러므로 현대법에 그리스법이 끼친 영향을 검토하기 위해서는 제도보다도 다음과 같은 그 원리의 측면들을 중시해야 한다.

첫째는 배심재판을 받을 권리다. 배심재판을 받을 권리는 솔론의 개혁 이래 아테네 헌법의 지배적인 원리가 됐다. 특히 상소권이 재판을 받을 권리에 매우 중요하게 기능했다. 소송비용이 무료였다는 점도 그러한 권리를 보장하는 전제조건이었다.[74] 따라서 현대적인 법률부조나 소송비용의 면제 따위는 전혀 고려될 필요가 없었다. 공적 중재제도도 상소가 인정된 점과 중재인의 선출방법, 절차의 공개성, 증거 취급방법 등으로 보면 재판을 받을 권리를 침해하는 것이 아니었다.

둘째는 피고와 피고인의 권리다. 자기의 권리를 공정하게 주장하는 피고 및 피고인의 권리는 배심원의 선서에 의해 보장됐다.[75] 소답(訴答)의 권리는 폭넓게 인정됐고, 절차상의 문제에 관한 이의신청에는 페라그라페라고 하는 특별한 절차가 있었다.[76] 법정에 출두하지 않아 패소한 경우에도 출두하지 못한 정당한 이유가 있으면 2개월 안에 심리를 다시 받을 수 있는 권리가 인정됐다. 공적 중재에서도 절차의 연기를 요구했음에도 불구하고 출두하지 못해 불리한 취급을 받았으면 10일 안에 자기 부족을 담당하는 구의 재판관에게 신청해서 새로운 절차를 밟을 수 있었다.[77]

셋째는 형평의 원리다. 형평은 아테네 사법과정의 기본 이념이었으나 영미법의 경우와는 달랐다. 배심원이 적용해야 할 법이 존재하지 않은 경우에는 현대 스위스 민법(1조 2항)에서와 같이 '최선의 판단에 따라' 결정을 내리도록 했다.[78] 아리스토텔레스가 말했듯이 형평은 정의의 일종으로서 성문법을 넘어 그 결점을 보완하는 기능을 수행했다.[79] 따라서 재판관에 의한 법의 창조는 재판의 본래적인 기능으로 인정됐다. 재판의 하자를 그대로 방치하는 것은 허용되지 않으므로 배심법원의 판단은 확정력이 인정됐음에도 불구하고 실체법상 또는 절차법상의 하자를 이유로 하여 다른 재판에서 다투는 것은 허용됐다.

아리스토파네스의 《벌》이 풍자했듯이 대규모의 배심원단은 개인의 책임감을 떨어뜨리거나, 데마고그(자파의 이익을 위해 근거 없는 허위 사실을 유포하여 대중을 선동하는 연설가)의 선동에 의해 정치적인 도구로 악용되거나, 법정변론에 의해 정치적 편견이나 감정의 호소에 치우치게 되는 등 치명적 약점을 가지고 있었다. 또한 배심원은 사건에 대한 주관적인 1회적 결론만을 내렸기 때문에 객관적이고 지속적인 법적 추론이 발달하지도 못했다. 그리하여 그리스법은 '이론을 결여한 법'으로 불렸다. 이는

'이론을 가진 법' 인 로마법과 특히 구별되는 그리스법의 특징이다. 또한 사법의 작용이 여러 국가활동에 영향을 미치는 것과 소송비용이 무료인 데 따르는 소송남용이 비판되기도 했다.

그러나 민중재판은 강력한 범죄자를 교정하는 유일하게 효과적인 기관으로 기능했다. 배심원은 추첨으로 선발됐기 때문에 소송당한 사람은 사전에 배심원의 구성을 전혀 알 수 없었으며, 배심원 또한 자신이 맡은 사건을 미리 알 수 없었다. 그리고 투표의 비밀이 보장됐기 때문에 권력자가 배심원을 협박하거나 수뢰하는 게 사실상 불가능했다. 또 사적인 분쟁은 반드시 중재를 거쳐 재판에 회부됐던 점도 민중재판의 발달된 모습 가운데 하나로 평가된다.

그러나 이상의 장단점보다 더욱 주목해야 할 근본적인 점은 아리스토텔레스[80]를 비롯한 그리스의 정치이론에서는 사법에 적극적으로 참여하는 사람이 아니면 적극적인 시민으로 보지 않았다고 하는 점이다. 다시 말해, 민주주의는 배심에 의해 실현된다고 보았던 것이다. 따라서 배심재판의 결점은 시민의 양식에 의해 보완돼야 하는 것에 불과했다.

민중재판에 대한 평가

지금까지 민중재판에 대해 상세히 설명한 이유는, 그것에 의해 소크라테스가 사형을 선고받고 처형당한 탓으로 지금까지도 민중재판에 대한 불신이 높기 때문이다. 사실 소크라테스부터가 재판에서 민중재판을 모독하는 발언을 일삼았고, 그 때문에 사형이라는 중형을 받았다고 볼 수도 있다. 또한 스승을 잃은 플라톤은 배심원의 추첨제를 비난하고, 상급심에서는 전문교육을 받고 엄격한 시험에 합격한 전문재판관제를 도입해야 한다고 주장했다.

그렇다면 우리나라의 예에서 볼 수 있듯 전문재판관제가 운영되고 있는 것이 소크라테스, 특히 플라톤이 옳았음을 증명하는 것일까? 여기서 우리는 오늘날 대부분의 국가가 전문재판관제를 도입하고 있지 않다는 점에 주의해야 한다. 반드시 그리스에서 유래된 것은 아니지만 기원 후 1000년경부터 시작된 영미법권의 배심재판제도나 프랑스 대혁명 이후에 유럽 여러 나라에 도입된 참심제도는 민중의 참여에 의한 재판제도를 의도한 것이다. 그 예외라고 할 수 있는 전문재판관제를 운영하는 곳은 우리나라를 포함한 몇 나라에 불과하다.

물론 영미법권의 배심제도는 그리스의 배심제도와 다르다. 그리스의 배심제도는 영미법권의 배심제도와 달리 반대심문을 인정하지 않았고, 배심원들 사이의 협의도 인정하지 않았으며, 하루 만에 판결을 종결지었다는 점에서 문제가 많은 것이었다. 그러나 기본적으로 모든 배심제도는 법률전문가가 아닌 일반 민중의 상식적 판단을 존중한다는 점에서는 같다.

여하튼 영미인이나 아테네인이나 민중재판의 원리를 신뢰했고 다른 재판제도를 고려하지 않았다는 게 무엇보다도 중요하다. 소크라테스나 플라톤 같은 일부 지식인들의 비판에도 불구하고 그리스인들은 민주정이 폐지될 때까지 그 중요한 원리의 하나로 배심제를 신뢰했다.

사실 플라톤도 민중재판의 원리 자체는 부정하지 않았음을 우리는 《법률》에 나오는 다음 글을 통해 알 수 있다.

국가를 상대로 저지른 죄를 묻는 재판에는 민중이 참여할 수밖에 없다. 왜냐하면 누군가가 국가에 대해 부정을 저질렀다면 그 피해당사자는 시민 전체이고, 범죄의 피해당사자는 해당 재판에 참여할 권리가 있기 때문이다. 그러므로 재판에 참여하지 못하도록 저지당한 민중이 분노하는 것은 무리가 아니다. 그러한 절차의 최초와 최후는 민중에게 위임돼야 하지만, 심리는 원고와 피고 쌍방이 동의하는 3명의 최고위 공직자에게 맡겨져야 한다. […] 그러나 사법상의 소송에서도 가능한 한 모든 시민이 재판에 참가해야 한다. 왜냐하면 재판에 참여하는 권능에 관여하지 않는 사람은 국가의 일원이라고 볼 수 없기 때문이다.

공무원 감시제도

귀족정 이래 그리스의 고위 공무원으로 주요업무를 관장해오던

9명의 아르콘은 민주정 시대에는 그 실질적인 중요성을 상실하고 특정 소송의 예심과 종교행사의 감독과 같은 극히 한정된 업무만을 담당하게 됐다. 그들보다 하위의 고위 공직자로는 장군과 재무관이 있었다.

위로는 장군이나 재무관으로부터 가장 아래의 쓰레기나 행려병자 사체 처리 감독관에 이르기까지 아테네 민주정의 번영기에는 7백 명 정도의 공무원이 있었다고 한다.[81] 이는 민주화의 진전에 따라 행정 분야에도 시민들이 참여할 기회가 늘어난 결과였다. 즉 아르콘에게만 허용됐던 통치권이 점차 세분화되어 시민들에게 부여됐던 것이다.

그러나 여기서 우리는 아테네의 공무원은 지금 우리가 말하는 관료와 다른 것이었음에 주의해야 한다. 장군이나 재무관처럼 선거로 뽑히는 소수를 제외하면 공무원은 모두 추첨에 의해 선발됐고, 임기 1년에 재임이나 중임이 허용되지 않았으며, 어느 공무원 직이나 대체로 10명 단위의 복수로 구성된 집단으로 운영됐다.

가령 아테네에는 1인의 국가원수인 대통령이나 총리가 없었다. 귀족정 시대에는 아르콘 중에 우두머리가 있었으나 민주정 시대에는 그것이 없어졌고, 일단의 당번 평의회가 돌아가면서 우두머리 역할을 했다. 이는 1인에게 장기간 강력한 권한이 집중되는 것을 방지하기 위해 취해진 조치였다. 마찬가지로 과거나 고시에 의해 채용된 관료가 수십 년간 직업적으로 통치의 실무를 담당하는 제도 역시 부패와 전횡을 초래한다는 이유로 채택되지 않았다.

이처럼 아테네 민주정은 공무원의 직권남용 가능성에 철저하게 대처했다. 공무원은 취임 시점부터 임기가 종료될 때까지 시민들로부터 철저한 감시를 받았다. 이를 법적으로 보증한 것이 공직자에 대한 자격심사 및 집무심사 제도와 탄핵제도였다.

아테네에서는 모든 공무원에 대해 사전에 자격심사가 이루어졌다. 그 상세한 내용은 아리스토텔레스의 《아테네인의 국제》 55장에 기록돼 있다. 그 기록에 따라 중요한 내용을 살펴보자.

9명의 아르콘은 평의회와 민중법원에서, 나머지 공무원은 민중법원에서 자격심사를 받았다. 그러나 여기서 주의해야 할 점은, 자격 심사는 공무원으로서의 전문적 지식이나 기능 또는 적성에 대한 것이 아니라 그 공무원이 훌륭한 시민인가 아닌가에 대한 것이었다는 사실이다. 따라서 오늘날 우리의 공무원 시험처럼 학과과목 시험을 치르는 일은 일체 없었다. 이는 공무를 담당할 정도의 기본교양은 아테네 시민이라면 누구나 갖추고 있다고 전제됐기 때문이다.

자격심사에 통과한 공무원은 곧바로 집무에 들어갔다. 아르콘과 같은 특별한 경우를 제외하면 모든 공무원은 무보수 명예직이었다. 그러나 무능이나 나태는 허용되지 않아 임기 중 끝없이 시민의 감시를 받았다. 시민들은 매월 중요 민회에서 각 공무원에 대한 신임을 거수로 물었다. 이때 부정이 지적된 공무원은 거수에 의해 그 자리에서 파면이 결정되거나 재판에 회부됐다. 또한 공무원은 매월 평의회에 회계보고를 하고 검사를 받아야 했다.

무사히 1년의 임기를 만료한 공무원은 다시 집무심사를 받았다. 그 1단계는 회계심사였다. 공무원은 집무보고서를 10명의 회계검사관에게 제출하고 금전상의 부정이 없었는지 철저한 검사를 받았다. 검사 결과 부정이 있든 없든 모든 공무원은 일단 민중법원에 보내졌다. 민중법원에서 회계검사관은 부정행위를 한 공무원을 기소했다. 물론 일반 시민도 공무원을 고발할 수 있었다.

회계검사관도 시민 중에서 추첨으로 선발된 자들이어서 특별한 전문가가 아니었다. 1년의 임기를 마친 공무원뿐 아니라 30일 이상 공무를 담당한 공무원이라면 공금을 다루지 않았어도 집무보고의 의무를 졌다. 정해진 기한 내에 집무보고서를 제출하지 않아도 범죄행위를 한 걸로 간주되어 고발됐다.

1단계 회계심사가 끝나면 2단계인 일반집무심사가 역시 10명의 집무심사관(평의회에서 평의원 가운데 선발됨)에 의해 행해졌다.

고발된 공무원은 죄질에 따라 처벌을 받았다. 수뢰나 공금횡령을 한 공무원은 그 정도가 가벼운 경우 벌금, 무거운 경우 시민권 상실이나 재산몰수에 처해졌고, 매국 행위를 했을 때는 사형에 처해졌다. 아리스토파네스의 희극《벌》에는 이러한 집무심사에 떠는 공무원의 모습이 다음과 같이 묘사돼 있다.

저기 멀리서 내가 보이면 그들은 달려와서 부들부들 떨며 손을 내밀지. 공금을 횡령한 손을 말이야. 그리고는 허리를 구부정하니 굽히고 가련한 목소리로 이렇게 애원하는 거야. "영감님, 절 불쌍히 여기십시오. 간청합니다. 영감님께서도 옛날 공직이나 군대에 계시면서 식량을 사들일 적에는 더러 우수리를 떼신 일이 있을 테지요.[82]

그래도 우리가 끄떡하지 않으면 이번에는 어린아이들을 아들이고 딸이고 모조리 끌고 나오지. 아이들은 엎드려서 빽빽거리며 일제히 울어대거든. 그럼 아버지란 작자가 신 앞에 나타난 것처럼 벌벌 떨면서 제발 아이들을 보아서라도 죄를 내리지 말아 달라고 밀어붙이는 거야.[83]

위에서 우리 번역자가 '죄를 내리지 말아 달라고' 라고 번역한 부분의 원서 표현은 '집무심사를 무사히 통과시켜 달라고'다.

이 같은 정기적인 공직자심사제도 외에도 아테네에는 부정기적인 도편추방제도와 탄핵재판제도가 있었다. 이들 제도는 공직자뿐 아니라 일반 시민들까지 대상으로 하는 것으로 국가의 근본을 뒤흔드는 음모사건 등을 감시하는 제도였다. 도편추방제도는 세계사 교과서에도 등장하는 유명한 것이나, 그 중요도로 치면 탄핵재판제도보다는 뒤지는 것이었다.

정치가에 대한 민중의 의사표시 수단인 도편추방제도는 참주 등의 이름을 도편(도자기 조각)에 새겨 투표하는 제도였으나 소송제도는 아니었다. 추방된 자는 10년간 귀국을 금지당했으나 시민권과 재산은 유지됐고, 10년 뒤에는 다시 정계에 복귀할 수도 있었다. 또한 10년이 지나지 않아도 민회의 결의에 의해 추방이 취소되기도 했다. 그러나 실제로 이 제도에 의해 공직자가 추방된 게 확인된 사례는 12건에 불과했고, 기원전 5세기 후반부터 이 제도는 전혀 사용되지 않았다.

반면 탄핵재판제도는 2세기가량에 걸쳐 130건이나 행해졌다. 따라서 이 제도가 아테네 민주정에 미친 영향과 역할은 도편추방제도보다 더 중요했다. 이 제도를 규정한 탄핵법은 다음과 같은 내용으로 돼 있었다.

> 누구라도 아테네 민주정을 전복하거나 전복할 목적으로 모이거나 도당을 결성하는 경우(1조), 누구라도 폴리스나 함선, 또는 육지나 해상을 막론하고 군대를 적에 인도한 경우(2조), 누구라도 동의제안자이면서 금품을 받아 아테네 민주정을 위해 최선이 되지 않는 것을 제안한 경우(3조) 탄핵재판에 의해 소추된다.

시민이 민회나 평의회에 공무원의 중대 범죄 사실을 고발하면 민회는 민회와 민중법원 중 어디에서 심판을 할 것인가, 민중법원에서 할 경우에는 배심원을 몇 명으로 할 것인가, 유죄판결의 경우 형량을 어느 정도로 할 것인가 등을 결의한다. 이를 탄핵제소결의라고 한다. 이어 재판이 행해지고 유죄로 결정되면 대부분 당연히 사형이 내려진다.

 기원전 5세기 초엽부터 322년 민주정이 폐지되기까지 행해진 탄핵재판 130건과 관련된 피고들을 지위별로 비교하면 다음과 같다.[84]

개인, 외국인 및 지위불명자	60건
장군	34건
장군 이외의 공무원	19건
공직에 있지 않은 정치가	17건

 위에서 '개인, 외국인 및 지위불명자 60건'은 하나의 사건에 의해 48명이 재판에 회부된 예외적인 경우가 포함된 것이므로 이를 제외하면 장군이 피고가 된 경우가 34건으로 가장 많았다. 그중에는 밀티아데스와 페리클레스도 포함돼 있다. 이러한 공직자 감시제도는 '권력의 유혹에 대한 인간의 저항력'을 아테네인들이 전혀 믿지 않았음을 보여준다.[85]

고대 그리스의 직접민주주의에 대한 평가

그리스 민주주의에 대한 가장 멋진 설명은 한나 아렌트가 《인간의 조건》에 써놓은 설명이다. 아렌트는 나치의 전체주의를 경험하고서 그 해결책으로 모든 사람의 자유로운 판단과 행위를 보장해주고 장려하는 이상적인 정치를 수립하고자 했고, 그 전형을 그리스 민주주의에서 구했다.

아렌트는 페리클레스 시대의 아테네 시민이 이상적인 정치적 삶의 전형을 보여준다고 보았다. 자유로운 시민은 처에게 가계의 관리를, 고용인과 노예에게 논밭의 경작을, 외국인에게 상업 문제를 맡기고 자신은 행위하고 토론하기 위해 도시국가의 공적 장소에 모여 그곳에서 자유의 공기를 만끽하고, 지배관계에서 벗어나 공적 이익을 추구하면서 공적 행복을 누린다.

이러한 자유시민은 정치의 전문주의를 부정하고 스스로 입법, 사법, 행정의 책임을 진다. 그러나 그러한 공무의 수행은 진정으로 정치적인 활동인 담화의 공간을 창설하고 유지하는 데 필요한 절차일 뿐이다. 즉 공무의 궁극적인 의미는 공적 공간을 영속화, 안정화시키는 데 있다. 즉 공적 공간에서 모든 공적 문제가 개개인에 의해 자유롭게 표출되어 폭력이나 무력이 아닌 발언과 설득을 통해 결정되고 해결될 수 있도록 보장해주는 데 공무수행의 정치적 의미와 가치가 있다. 아렌트는 폴리스가 이러한 공적 공간의 효시이자 전형이라고 보았다.

그러나 노예제를 기반으로 한 사회였고, 같은 시민이라도 여성은 제외됐다는 점에서 그리스 민주주의에는 명백한 한계가 있었다. 그리스 노예제의 정당성에 대한 의문은 소크라테스의 시대에 처음으로 제기됐으나, 그것이 소크라테스에 의한 이의제기는 아니었다. 소크라테스는 물론 그의 제자인 플라톤, 그리고 플라톤의 제자인 아리스토텔레스도 노예는 타고난다고 주장하며 노예제를 부정하지 않았다.

소크라테스가 민주주의에 비판적이었던 것은 그리스 민주주의의 이런 한계 때문이 아니었다. 그가 만일 그런 한계를 비판하고 노예제 없는 남녀평등의 민주주의를 주장했다면 그야말로 가장 위대한 민주주의의 성인이리라. 그러나 그는 노예제를 인정했고 여성을 멸시했을 뿐 아니라 민주주의 자체에 반대한 국가주의자였고 전제주의자였으며 반인권주의자였다.

3장 | 소크라테스, 그는 누구인가?

얼음장 같은 소크라테스

소크라테스는 누구인가? 우리나라에서 몇 번이나 되풀이 번역돼 소크라테스 평전의 대명사처럼 된, 독일의 출판사 로볼트의 평전 시리즈에 들어있는 고트프리트 마르틴의 《소크라테스 평전》이 그 해답을 줄지 모른다. 마르틴은 이 책의 첫 장을 '헤아릴 수 없는 인간 소크라테스' 라는 제목 아래 다음과 같이 시작한다.

> 소크라테스는 아테네인들이 그에 대해 한 바로 그 말을 가지고 자기 자신의 특색을 표시하고 있다. "나는 헤아릴 수 없는 인간이며, 사람에게는 이미 이 이상은 알 수가 없다고 할 영역에까지 도달해 있다."[86]

이어 소크라테스를 가리켜 '헤아릴 수 없는 인간' 이라고 한 이유를 몇 쪽에 걸쳐 지루하게 설명한 뒤 "이 말에 의해서 소크라테스를 이해하는 것, 바로 그것이야말로 그가 이해하기 어렵다는 것을 이해하는 것이다"[87]라는 무슨 말장난 같은 결론을 끌어낸다.

이어 다음 장에서 마르틴은 소크라테스를 헤아리기 어려운 인간이라고 하는 이유들 중 하나로 그가 역사상 실제로 존재했던 인물이었는가에 대한 의문을 든다. 바로 앞장에서 소크라테스와 아테네인들의 말을 직접 인용하며 소크라테스를 '헤아릴 수 없는 인간'이라고 하더니만, 갑자기 역사적 존재 여부가 불확실하므로 헤아릴 수 없다니 도대체 무슨 말을 하려는 것인가?

꾹 참고 다시 이 평전의 2장을 읽어보면, 수십 쪽에 걸쳐 소크라테스는 역사상 존재했다고 볼 전거가 있다는 설명이 전개된다.

이어 3장에는 소크라테스의 경력이 언급된다. 소크라테스가 경력을 자기 스스로 직접 얘기한다고 하고서는 고대 그리스의 전기작가인 디오게네스 라에르티오스의 책을 인용한다. 여기서 다시 머리가 터질 것 같지만 중요한 것은 경력 자체이니 역시 꾹 참고, 책을 토대로 우리에게 필요한 내용을 중심으로 그의 경력을 정리해보자.

소크라테스의 출생연도는 정확히 전해지지 않으나 대체로 기원전 469년으로 추정되며, 사망연도는 기원전 399년이 확실하다. 나는 소크라테스가 당시 그리스의 다른 아이들처럼 6세부터 18세까지 학교교육을 받았고, 그 후 2년간 군대에 복무했으리라

짐작한다. 사회에 진출한 그는 처음에는 아버지의 일을 이어받아 조각가로 일했으나, 아버지가 죽으면서 유산을 남기자 조각가 일을 그만두고 평생 장돌뱅이 또는 철학자로 무위도식하게 된 것 같다.

평전의 4장은 '용감한 생애'다. 여기서 말하는 용감함이란 우선 군대시절의 용감함이고, 그 다음은 시민으로서 법을 지켰다는 점이다. 마르틴이 몇 가지 에피소드로 소크라테스를 "자기 나라를 위해 용감하게 전투하고, 또한 동시에 자기 나라에 반대해서도 용감하게 싸움을 한"[88] 인간으로 그린 것까지는 좋다.

그러나 철학자 소크라테스가 군인으로서 용감했다는 것은 무엇을 말하는 것인가? 나는 어느 철학교수가 어느 술자리에서 자신이 베트남전쟁에서 베트남 사람을 얼마나 많이 죽였고, 그들의 귀를 얼마나 많이 잘랐는지를 자랑했던 것을 기억한다. 마침 당시는 한국 최고의 고문기술자라는 이근안이 집에서는 자녀들에게 너무나도 자상한 아빠라는 사실이 밝혀진 무렵이었다.

평전의 5장은 '간소한 생애'라는 제목 아래 소크라테스가 간소하고 신중하며 절제하는 생애를 보냈다는 이야기를 하고 있다. 이상이 이 평전이 소크라테스를 이해하고 설명하는 기본적인 내용이다.

소크라테스와 플라톤이 둘 다 동성애자였다는 것은 오늘날 매우 일반적인 추측이다. 플라톤의 《프로타고라스》에 나오는 첫 장면을 보면 소크라테스의 친구가 소크라테스에게 다음과 같이 말한다.

> 어디서 오는 길인가, 소크라테스. 하긴 물어볼 필요가 있겠나. 알키비아데스[89]의 청춘을 쫓아 다녔겠지. 사실 나도 얼마 전에 보았네만, 여전히 아름다워.[90]

플라톤은 평생 독신으로 살았지만, 소크라테스는 나이 오십에 결혼을 해 세 아들을 두었다. 나이 오십에 그랬다니 대단한 정력의 소유자였음에 틀림없다. 그러나 동성애자로 공공연히 알려진 그가 아내를 사랑했으리라고는 생각되지 않는다. 대화의 철학자라는 소크라테스는 적어도 그의 아내와는 대화를 즐기지 않았던 게 틀림없다.

게다가 아리스토텔레스에 의하면 소크라테스는 정치가의 딸(또는 매춘부)을 후처로 삼았고, 그녀와의 사이에도 두 아들을 두었다고 한다. 그러나 이 점을 가지고 소크라테스를 비난할 수는 없다. 왜냐하면 당시에는 여러 명의 첩을 두는 것이 국가적으로 장려됐기 때문이다. 소크라테스의 두 여자는 자주 싸웠고, 그럴 때마다 그는 싸움을 말리기는커녕 부추겼다고 한다. 게다가 소크라테스는 종종 다른 여자들, 특히 창녀들과 놀아났다고도 한다.

소크라테스의 아내인 크산티페는 악처로 유명하다. 그러나 그녀가 실제로 악처였는지에 대해서는 플라톤이나 크세노폰조차 이렇다 할 기록을 남기지 않았다. 여하튼 크산티페는 남편이 평생 놀고(아니, 철학하고) 먹는 동안 남편과 세 아들을 부양하며 평생 고달픈 삶을 살았는데도 후세에 악처로 회자되고 있으니 참으로 슬픈 일이다. 물론 크산티페도 몇 명의 노예를 부렸으리라.

플라톤의 《파이돈》은 소크라테스의 최후를 기록한 대화인데, 대화편 중에서 처음이자 마지막으로 크산티페가 등장한다. 곁에서 아기를 안고 있던 크산티페가 소크라테스와 그의 친구들에게 이렇게 말한다. "아, 소크라테스! 이제 친한 분들이 당신한테, 그리고 당신이 이분들한테 말씀을 건네시는 것도 그야말로 마지막이네요." 어쩌면 그녀는 눈물을 흘리면서 이 말을 했을지도 모른다. 하지만 소크라테스는 그녀에게는 별다른 대답을 하지 않고 "크리톤! 누가 이 사람을 집으로 데려가게나"라고 말했고, 몇 사람이 나서서 "소리를 지르며 자기 가슴을 치고 있는 부인을 데려갔다"[91]

이것이 대화편에 실린 크산티페에 대한 기록의 전부다. 이를 두고 마르틴은 호의적인 기록이라고 평가하고, 심지어는 크산티페에 대한 소크라테스의 사랑을 증명하는 것이라고 한다. 그러나 마지막 입맞춤도 없고, 아기의 얼굴을 만져주거나 포옹하는 그 흔한 장면도 없으니 이를 과연 사랑을 증명하는 호의적인 기록이라 할 수 있을지 의문이다. 지혜의 산파라기보다 낙태전문가라 할 수 있었던 소크라테스가 따뜻한 사람이었을 것 같지는 않다. 그래서일까? 니체는 소크라테스의 논리를 "얼음장 같다"

고 표현했다.

대화편의 마지막에 의하면 독배를 마시기 직전 소크라테스는 자신을 찾아온 아이들, 집안 여자들과 함께 대화를 나눈 뒤 친구들에게 갔다고 한다.[92] 아마도 그 '여자들' 중에는 그의 첩이, 그 '친구들' 중에는 그의 동성애 상대가 있었을지도 모른다.

민중을 멸시한 철학자

철학자 소크라테스는 우선 외모가 못생겼고, 평생 거의 씻지도 않아 더러웠으며, 사시사철 모직외투를 입고 맨발로 다닌 것으로 유명하다. 그의 가장 큰 특징은 평생 무위도식하며 살았다는 것이다. 그는 부모로부터 물려받은 약간의 유산을 밑천으로 늦결혼을 한 뒤 아내와 세 아들을 두었지만 그들을 부양하기 위한 돈벌이는 하지 않고 한가롭게 이야기나 하면서 살았다. 당시 그리스에서 그렇게 살기란 쉽지 않았을 것이니 물려받은 유산이 꽤 많았나 보다.

또 사람 만나기를 워낙 좋아해, 자연을 숭상하는 요즘의 일부 철학자들과 달리 시골을 피해 평생 도시에서 살았다. 물론 오늘날 자연철학자를 자처하는 사람 중에도 대도시에 사는 이가 많다. 소크라테스는 글도 한 줄 쓰지 않았다. 그는 서재의 철학자, 글쓰는 철학자가 아니라 말하는 철학자였다.

소크라테스의 가장 큰 특징은 그가 민중을 멸시했다는 것이다. 자신 역시 귀족이 아닌 중산층 출신이면서 말이다. 이런 소크라테스의 태도는 크세노폰의 《회상》에서 그가 제자 카르미데스에게 한 다음과 같은 말에서 알 수 있다.

> 자네는 가장 두뇌가 뛰어난 사람들에게는 부끄러워하지 않으며, 또 가장 위대한 사람들에게는 두려움을 느끼지 않으면서도 가장 생각의 깊이가 없고, 가장 비천한 사람 앞에서 연설하는 것을 부끄러워하고 있는 것일세.[93]

플라톤의 《국가》에도 이런 그의 경멸은 끝없이 이어진다. 경쟁관계에 있는 철학자들에게 소크라테스는 다음과 같은 경멸의 말을 한다.

> 거들먹거리는 저자들은 천성적으로 부적당한 자들이야. 그들의 기술과 재주 때문에 몸이 망가진 것처럼, 천한 직업으로 영혼은 굽혀져 있고 불구가 되어 있으며 […] 대머리인 작은 땜장이가 돈을 벌어서 방금 속박에서 벗어나 목욕을 하고 새 옷을 차려입고 신랑처럼 꾸민 뒤 몰락해버린 주인의 딸과 막 결혼하려고 하는 모습이지.[94]

여기서 '저자들'로 지칭된 철학자들이란 그가 《테아이테토스》에서 '우월한 철학자'들과 비교한 '열등한 철학자'들이다.

우월한 철학자는 "어려서부터 아고라로 가는 길을 모르고 자라난다"고 소크라테스는 말한다. 소크라테스는 이어 우월한 철학자는 "법정이나 원로원, 또는 민회의 다른 공공장소가 어디에 있는지조차 모른다", "법률이나 판결에 대한 논의도 듣지 않고 그것들이 공포되더라도 보지 않는다"고 말한다.

정치적 클럽에서 공직을 얻으려고 다투는 모임을 갖고 […] 합창단 소녀들과 흥청거리고 […] 그들은 결코 꿈에서도 이런 일에는 빠지지 않는다. […] 오직 그의 육체만이 도시에서 태어나 그곳에서 거처한다. 그의 영혼은 이런 모든 것들은 하찮고 사소한 일이라고 여기기 때문에 경멸한다.[95]

민중을 경멸하는 그의 이러한 태도는 뒤에 그가 재판을 받게 되는 데 하나의 이유가 됐던 게 틀림없다. 크세노폰의 《변론》을 보면, 유죄 판결을 받은 뒤에 소크라테스는 자기를 고발한 가죽 기술자 아니토스가 곁을 지나가자 이렇게 말한다.

나를 죽이는 위대하고 고상한 목적을 완수했다는 생각으로 자만에 가득 찬 사람이 저기 지나가는군. 도시가 그에게 최고의 명예로운 관직을 주는 것을 보고서 난 그가 자신의 아들을 가죽 일이나 하도록 교육시키지 말아야 한다고 말했거든.[96]

나는 우리나라 철학자들이 민중을 경멸하는지 아닌지는 잘 모르겠다. 그러나 그들의 스승이라는 소크라테스가 민중을 경멸했던 것은 분명하다.

민중 멸시는 당연히 민주주의 멸시로 이어진다. 소크라테스의 경우가 바로 그랬다. 이는 아리스토파네스의 희극 《새》에서 소크라테스가 아테네를 싫어하고 스파르타를 좋아한 불평분자들의 우상으로 묘사되고 있는 점에서 알 수 있다.

스키아포데스의 나라 가까이
늪지가 있어
그곳에서 남루한 모습의
소크라테스가 혼을 부른다.[97]

이 번역에는 문제가 있다. 해당 부분에 대해, 같은 영어 중역이면서도 아래와 같이 달리 된 번역이 있다.

스파르타의 미친 자들, 그들은
긴 머리에, 반쯤 굶은 듯, 씻지도 않고,
소크라테스화해서
손에 막대기를 들고 다녔다.[98]

플라톤의 《고르기아스》에서 소크라테스는 자신이 진정한 정치가라고 주장하면서 네 명의 저명한 아테네 정치가들을 비판한다. 그는 그리스 정치사에서 가장 위대한 네 사람을 '입맛에 맞는 것만을 고려한다' 는 뜻에서 요리사에 비유한다. 그는 특히 민주주의 개혁자인 페리클레스를 "공무원에게 급료를 지불하는 제도를 처음으로 제정함으로써 아테네인들을 게으르고 비겁하고 말이 많고 돈을 탐내는 인간으로 만들어버"[99]린 자라고 몰아세운다.

또 그는 《국가》에서 크레타와 스파르타의 제도를 최상의 정치형태라고 찬양하고, 그 다음이 과두정이며 제일 못한 것이 민주정이라고 말한다.[100] 나아가 크세노폰의 《회상》에서는 아테네인들을 '낙후된 자들' 이라고 부른다.[101]

실제로는 오히려 스파르타와 크레타가 당시 그리스에서 가장 낙후된 지역이었다. 그 두 지역은 해외여행을 규제한 폐쇄사회였다. 그러나 소크라테스는 두 지역이 해외여행을 규제하는 이유는 "청년들이 고국에서 배운 것을 잊지 않도록 하기 위해"[102] 서라고 말한다. 외국여행 금지는 소크라테스가 그래야 한다고 생각했던 것이기도 하다. 《법률》에서 그는 40세가 넘은 소수의 정보요원에게만 외국여행이 허용돼야 한다고 주장했다.

소크라테스는 죽음을 피해 다른 도시국가로 망명할 수도 있었다. 그는 자신이 훌륭한 법질서를 갖춘 나라라고 칭찬해 마지않던 스파르타나 크레타로 갈 수도 있었지만 가지 않았다. 그곳에서는 아무도 철학자를 환영하지 않았음을 누구보다도 그 자신이 잘 알고 있었기 때문이다. 그런데도 소크라테스는 "철학은 그리스의 어느 지역보다도 크레타와 스파르타에서 가장 먼저 왕성한 발전을 이룩했으며, 소피스테스들이 그 지역에 가장 많이 있다"[103]며 스파르타가 폐쇄적인 이유는 철학을 얼마나 높이 평가하는지를 바깥세상이 알아채지 못하도록 하기 위해서라고 주장했다.

나는 이런 소크라테스와 비슷한 태도를 취하는 한국의 철학자들과 철학 이외의 학문을 하는 또 다른 학자들을 알고 있다. 그들은 북한을 찬양하면서도 결코 북한에 가서 살 생각은 하지 않는 사람들이다. 북한의 주체사상을 찬양하면서 북한의 폐쇄성을 민족주의로 설명하는 그들의 태도는 크레타와 스파르타에 대한 소크라테스의 태도와 흡사하다. 레닌이 주장한 사상과 예술에 대한 엄격한 통제는 북한과 남한의 주체사상가들에게 아직도 남아있는데 이 역시 소크라테스의 영향 탓일까?

반사회적 전체주의자

아테네 사람들은 소크라테스를 싫어했다. 그 이유로 무엇보다 중요한 것은, 다른 그리스인들은 폴리스라는 자유도시의 관점에서 인간사회를 바라보았으나 소크라테스는 그것을 양 떼와 같은 집단으로 보았다는 점이다. 자유도시란 그 시민이 자신의 삶과 도시에 영향을 미치는 사항에 대해 토론하고 투표할 권리를 갖는다는 것을 뜻했다. 이는 바로 오늘날 우리가 믿는 민주주의의 원리이기도 하다. 이런 점에서 나도 소크라테스를 싫어한다.

폴리스란 도시 이상의 것, 곧 독립된 주권국가이자 자유인들의 자율적 자치공동체를 뜻하는 것이었다. 그런데 누가 다스리느냐에 대한 문제, 다시 말해 소수의 부자가 다스리느냐 다수의 빈자가 다스리느냐는 문제가 있었다. 소크라테스는 그 어느 쪽도 지지하지 않았다. 그가 원한 것은 플라톤이 말한 철인정치였다.

그러나 철인정치란 당시의 아테네인들에게는 전제정치로의 복귀를 뜻하는 것이었다. 따라서 대다수 사람들은 철인정치를 해야 한다는 주장을 너무나도 이상하다고 여겼다. 왜냐하면 그 누구도 절대왕정으로의 복귀를 원하지 않았기 때문이다. 소크라테스는 민주국가 아테네와 대조적이었던 독재국가 스파르타를 이상국가로 동경했다. 그는 20세기까지도 역사에 흔히 나타나곤 했던 전체주의나 독재주의의 선구자였던 것이다. 크세노폰이 전하는 바를 보자. 아래 인용에서 '그' 란 소크라테스를 가리킨다.

> 왕자와 치자란 권장(權杖)을 손에 든 자를 말하는 것이 아니고, 대중에 의해 선출 된 자도 아니고, 제비를 뽑아 선출된 자도 아니고, 사기 수단을 쓴 자도 아니라, 오직 다스리는 길을 터득한 자를 말하는 것이라고 그는 말했다.[104]

여기서 '권장을 손에 든 자'란 전통적인 군주제, '대중에 의해 선출된 자'란 민주제, '제비를 뽑아 선출된 자'란 추첨에 의한 공무원제, '사기수단을 쓴 자'란 참주제의 권력자를 각각 가리키는 말이다. 그러면 '오직 다스리는 길을 터득한 자'란 무엇인가? 이는 플라톤이 《국가》에서 말한 순수한 존재 또는 존재 자체를 관조할 수 있는 자, 즉 철인을 가리킨다.[105] 동시에 플라톤은 《정치》에서 절대군주제를 이상적인 것으로 보았고, 《법률》에서는 사상을 통제하는 위원회제를 이상적인 것으로 보았다.

크세노폰은 플라톤의 대화편에 자주 등장하는 비유를 들어, 모든 직업분야에서 사람들은 그 분야의 지식을 가진 자에게 복종해야 한다고 소크라테스가 주장했다고 소개한다. 그러나 당시 그리스인은 누구나 전문가를 선택해 공직에 고용할 수 있고, 그 공직자에게 문제가 있으면 그를 해고하고 다른 사람을 그 공직에 고용해야 한다고 생각했다. 말하자면 주기적인 공직자의 교체를 희망했던 것이다. 또한 당시 그리스인은 선출된 통치자가 권력을 남용하는 것을 방지하기 위해 통치자의 권력과 임기에 제한을 가해야 한다고 믿었다. 그러나 소크라테스는 이렇게 제한을 가한다는 생각을 전혀 하지 않았다.

크세노폰에 따르면 소크라테스는 "다스리는 자의 직분은 해야 할 일에 대해 명령하는 것이며, 피치자의 할 일은 이에 복종하는 것"[106]이라고 했다. 즉 그는 그리스인들이 민주주의의 조건으로 요구한 '피치자의 동의'를 외면하고 시민들에게 복종만을 요구했던 것이다. 이러한 소크라테스의 주장은 당시 그리스인들에게 절대왕정이나 전제의 복권을 찬양한 것으로 비쳤으리라.

사실 소크라테스는 왕정과 전제[107]를 구별했다. 그는 왕정이란 '사람들이 승복하고, 국법에 의해 다스려지는 것'이지만, 전제는 '사람들의 의사를 무시하고, 법에 의하지 않으며, 위정자의 멋대로 다스리는 것'이라고 했다. 그러나 이런 구별은 무의미하다. 왕정의 통치자 역시 절대 권력을 내세워 피치자를 무시하는 비합법적인 행동을 할 수 있기 때문이다. 이에 대해 소크라테스는 왕정에서는 통치자도 국법의 영향을 받기 때문에 벌을 받게 될까 두려워서라도 통치자[108]는 피치자의 올바른 조언을 무시하거나 해하는 등의 비합법적인 행동을 할 수 없다고 말했다. 그러나 그런 전제 통치자를 수없이 보아온 아테네인들에게 소크라테스의 이런 얼버무림은 대단히 실망스럽거나 전제를 합리화하는 것으로 보였을 게 틀림없다.

가령 우리의 군사독재 시절을 떠올려보자. 독재자는 형식적으로는 국민의 승인을 받아 통치자가 됐고, 국법에 의해 나라를 다스렸다. 하지만 그는 자신의 독재를 비난하는 수많은 목소리를 바로 그 국법의 이름으로 억누르고 짓밟았다. 물론 세월이 흘러 정권이 교체된 뒤 법에 의해 과거의 죄값을 치른 독재자도 있지만 그렇지 않은 독재자도 있다. 소크라테스의 주장대로라면, 죄값을 치르지 않은 독재자는 법에 의해 벌을 받지 않았으므로 성공한 독재자로 남는 것이다.

아가멤논을 가리켜 '백성의 목자'라고 한 호메로스의 표현에 빗대어 '훌륭한 군주'를 설명한 대목에서도 군주정을 지지한 소크라테스의 사상을 엿볼 수 있다. 소크라테스가 생각하는 진정한 목자란 "양 떼를 무사하게 지키고 식량을 마련하여 양을 치는 목적을 달성할 수 있도록 배려"[109]하는 자다. 이처럼 소크라테스는 인간사회를 시민의 자치체가 아니라 목자나 왕을 필요로 하는 무리로 보았다. 반면 아테네인들은 인간이란 다른 동물과 달리 이성을 갖고 있으며 폴리스에서 자치를 할 수 있는 정치적 시민이라고 믿었다.

아가멤논을 찬양하다

소크라테스는 호메로스가 쓴 《일리아드》의 영향을 많이 받은 듯하다. 크세노폰이 쓴 《회상》[110]을 보면, 청년들을 타락시켰다는 이유로 소크라테스를 고발한 자들이 그 증거로 소크라테스가 《일리아드》에 나오는 대목[111]을 청년들에게 가르친 사실을 거론하는 부분이 나온다.

《일리아드》는 흔히 세계문학의 효시로 불리며, 우리나라를 비롯한 세계 각국의 세계문학전집에 빠지지 않고 수록되곤 한다. 그러나 소크라테스를 반민주주의자로 비난하는 나로서는 호메로스 역시 반민주주의자로 비난하지 않을 수 없다. 특히 그의 작품이 끝없이 영화화되는 현실에서 더더욱 그래야 할 필요를 느낀다. 그러나 이 책에서 호메로스의 작품 전체를 비판할 수는 없는 노릇이고, 그렇게 하려면 또 하나의 다른 책으로 해야 할 것이므로 여기서는 소크라테스와 관련해서만 그를 간단히 언급하겠다.

소크라테스는 아가멤논이 훌륭한 군주라고 말한다. 그러나 호메로스의 《일리아드》를 보노라면 그가 과연 훌륭한 군주로 불릴 만한 인물인지 의문스럽다. 트로이 전쟁에서 아가멤논은 연합군대의 총사령관이었지만, 9년간의 전쟁으로 얻은 것은 아무것도 없고, 적인 트로이를 함락시킨 것도 오디세우스가 목마를 트로이에 들여보낸 덕분이다. 아가멤논에 대한 묘사를 보면 그를 훌륭한 군주로 보기 어렵다.

《일리아드》에는 아가멤논 외에 다른 장군들도 백성의 목자로 불리는데 장군들이 실제로 백성의 목자였는지 또한 의문이다. 오디세우스가 아가멤논을 변호하며 말하는 부분을 한 번 보자.

> 사공이 많으면 배가 뒤집히기 마련이오. 지휘자나 임금은 하나면 족해! 제우스신께서 권한을 주신 그 분 하나면 족하단 말이오.[112]

이 부분에 이어 병사들 중에서 가장 볼품이 없는 테르시테스가 아가멤논을 비판하자 오디세우스가 말로 답하지 않고 때리는 장면이 나온다. 《일리아드》에는 군주제와 군주에 의해 자행되는 폭력적 억압을 묘사한 이런 부분이 적잖이 나온다. 소크라테스는 바로 이런 내용을 찬양하고 아테네의 청년들에게 가르친 것이다. 이에 대해 크세노폰은 다음과 같이 해명한다.

> 그가 말한 것은 말로나 행위로나 하등 사람의 소용에 닿지 않는 자, 군대이든 국가이든 인민 그 자체이든 필요한 때에 도울 힘이 없는 자는, 가령 대부호일지라도 아주 무능하고, 게다가 오만한 자는 모든 수단을 다하여 그것을 못하게 하여야 한다는 것이다.[113]

요컨대 무능하고 오만한 자들은 억압당해 마땅하다는 것이 호메로스와 소크라테스, 그리고 크세노폰의 사상이다. 반면에 테르시테스는 민주주의의 상징이라고 볼 수 있다. 사실 테르시테스가 아가멤논을 비판한 내용은 《일리아드》의 1장에서 아킬레우스가 아가멤논을 비판한 것과 같은 것이었다. 그러나 호메로스는 아킬레우스의 말에 대해서는 아무런 비난을 하지 않고 테르시테스의 말에 대해서는 비난을 퍼부었다.

우리나라에서 최근 상영된 영화 〈트로이〉에서 브래드 피트가 연기한 아킬레우스는 멋진 영웅으로 묘사되지만 《일리아드》에서 그는 자신이 속한 그리스군의 패배를 자기 어머니인 바다의 여신 테티스에게 부탁한 역적이고 군대를 탈영한 자이기도 하다. 그런 아킬레우스에 대해 아무런 비난도 하지 않은 호메로스가 테르시테스를 비난한 것은, 아킬레우스는 귀족이고 테르시테스는 평민이었기 때문일 것이다.

소크라테스는 플라톤의 《고르기아스》[114]와 《국가》[115]에서도 테르시테스를 범죄자로 비난한다. 반면 아가멤논은 소크라테스와 플라톤에 의해 찬양된다. 가령 《소크라테스의 변론》의 끝부분에서 소크라테스는 사형을 받고 내세에 간다면 아가멤논을 만나고 싶다고 말한다.[116] 또 《향연》에서는 아가멤논이 강하고 호전적이라고 찬양한다.[117] 나아가 《국가》에서 소크라테스는 호메로스가 아가멤논을 다소 덕망이 없게 묘사한 부분, 특히 아킬레우스가 아가멤논을 비난한 부분 등은 삭제해야 한다고도 주장한다.[118] 이 점에서 소크라테스는 역사상 무수히 많았던 검열관들의 아버지인 셈이다.

소피스테스는 과연 궤변론자인가?

당시 그리스의 학문은 우리의 실학자들과 비슷한 소피스테스들이 장악하고 있었는데, 소크라테스는 그들과 30년에 걸쳐 싸움을 했다. 고대 그리스의 철학자들은 대체로 민주주의에 반대하는 편이었다. 플라톤은 철저히 반발했고, 아리스토텔레스는 상당히 중립적이었으나 역시 비판적이었다. 유일한 예외는 소피스테스들이었다. 그러나 그들은 오랫동안 철학자로 인정받기는커녕 반도덕적인 변론을 가르치며 돈벌이나 하는 인간으로 매도당해왔다. 그들에 대한 이런 매도는 바로 소크라테스와 플라톤에 의해 시작됐다.

원래 소피스테스란 재주 있는 사람을 칭찬하는 말이었다. 소피스테스들은 토지귀족에 대항하는 신흥 중산계급에게 웅변술과 논리학을 가르쳤다. 그들이 등장하기 전에는 토지귀족의 자녀들에게만 수준 높은 교육이 이루어졌다. 따라서 소피스테스들은 토지귀족들의 반감을 샀다.

그러나 소피스테스들이 민주주의에 끼친 영향은 엄청난 것이었다. 그들의 중심적인 활동은 변론술 교육이었다. 물론 그들은 현대의 민주주의자들처럼 민주주의를 이념적인 이상으로 삼아 그 실현을 도모하거나 옹호하지는 않았다. 그러나 그들이 상대주의적 철학에 근거해 민주주의의 이념을 체현했다는 점은 높이 평가돼야 한다.[119]

그들은 인간의 도덕은 사회적 관습이라고 생각했다. 정의와 법은 사회의 생성과 함께 발생하고, 사회는 그 속에서 발전한다고 보았다. 그러므로 도덕, 정의, 법은 일정한 인간의 행위와 태도에 붙여진 이름에 불과하고, 역사와 더불어 계속 변한다. 따라서 정의와 관련된 문제를 해결하는 것은 사람들 사이의 의견교환과 합의에 의해서만 가능하고, 어떤 개인의 정신에 의해 결정되는 것이 아니라는 게 그들의 신념이었다.

민주주의의 기본적인 원칙은 모든 사람에게 발언할 권리를 동등하게 주고, 모든 의견을 대등하게 존중하는 것이다. 민주주의에서 정치지도자는 도덕적 우월성을 요구받는 것이 아니라, 사람들의 다양한 의견을 조정하고 그것을 정리하여 합의를 형성하는 능력을 요구받는다. 변론술이 그 효력을 발휘하는 것은 이러한 과정에서다.

덕은 지식이다?

소크라테스는 참된 지식은 절대적인 정의(定義)를 통해서만 얻어질 수 있다고 말했다. 그 참된 지식이라는 것은 에피스테메(episteme)라고 하고, 이것과 구별되는 단순한 의견은 독사(doxa)라고 한다. 에피스테메란 순수하고 무조건적인 정의, 즉 절대적인 정의를 말한다. 절대 불변의 정의를 찾으려는 소크라테스의 추구는 그리스 철학에서 중요한 발전이었고, 이는 헤라클레이토스에 대한 반발이었다. 헤라클레이토스는 니체가 긍정한 디오니소스적 철학자였다. 헤라클레이토스는 세계가 끊임없이 변화하는 유동과 모순이라고 보았다.

그런데 소크라테스는 에피스테메를 가진 사람이 없다고 주장했다. 플라톤이 소크라테스를 통해 말하는 이데아[120]란 에페스테메의 세계를 말한다. 플라톤은 우리가 눈으로 보는 모든 사물이나 현상은 비실재의 것이고, 눈에 보이지 않는 어딘가에 그 본질인 보편의 이데아가 실재한다고 주장했다. 반면 소크라테스의 정의론은 그 제자인 안티스테네스로 하여금 회의주의에 빠지게 하기도 했다. 안티스테네스는 정의로서의 보편이란 단지 이름에 지나지 않는다는 입장을 취했다.

소크라테스는 자신도 결코 내릴 수 없는 정의를 상대방에게 내려 보라고 하고서는 상대방이 내리는 정의를 쉽게 논박했다. 논박을 위해 그는 소피스테스의 것이라고 비난한 말장난인 궤변술을 자기도 똑같이 사용했다. 이런 그를 우리는 대화의 철학자, 지혜의 산파라고 한다. 그러나 그는 건강한 아이를 낳게 하는 산파가 아니라 낙태를 전문으로 하는 산파였다. 왜냐하면 그는 부정변증법(negative dialectic)의 전문가였기 때문이다. 그는 다른 사람과 논쟁이나 대화를 할 때 언제나 자신의 생각은 밝히지 않았고, 논쟁이나 대화를 통해 새로운 결론을 만들지도 못했다.

예를 들어보자. 플라톤이 소크라테스의 대화를 기록한 책 가운데 《히피아스》라는 것이 있다. 여기에 소크라테스가 소피스테스와 주고받은 말이 나온다. 히피아스는 소크라테스와의 대화를 거부하면서 이렇게 말한다.

> 그러나 나는 자네에게 결코 이야기하지 않을 작정이네, 자네가 먼저 정의란 무엇인가에 대해 의견을 개진하기 전에는. 왜냐하면 남의 웃음거리가 된 것만으로도 충분하니 말일세. 자네는 모든 사람에게 질문해서 시험하지만 자기편에서는 해명도 하지 않고 아무런 의견도 개진하려고 하지 않지.[121]

플라톤의 《메논》에는 메논이 소크라테스와 대화하던 도중에 다음과 같이 소크라테스를 평가하는 구절이 나온다.

> 좀 우스운 말씀을 드린다면 당신은 얼굴 모습이라든지, 그 밖의 어느 모로 보든지 저 바다에 살고 있는 납작한 전기가오리와 꼭 닮았어요. 왜냐하면 전기가오리를 조금이라도 만지게 되면 금방 찌릿찌릿하여 감각이 마비되거든요. 당신은 그것과 비슷한 점이 있는 것 같아요. 저는 지금 정신이나 입이 정말 마비되어 무엇을 어떻게 대답해야 할지 도무지 모르겠어요. [⋯] 당신이 외국에 가시지 않은 것은 매우 잘한 일이라고 생각합니다. 외국의 낯선 곳에서 그렇게 해보십시오. 반드시 마술사라고 해서 끌려가실 거예요.[122]

《메논》은 소크라테스 재판이 있기 3년 전의 대화를 기록한 것이라고 한다. 이는 어쩌면 소크라테스 재판을 예고한 것인지도 모른다.

《메논》의 부제는 '덕에 대하여'다. 소크라테스 철학의 핵심은 '훌륭함은 지식이다'라는 명제에 있다. 여기서 내가 '훌륭함'이라고 번역한 그리스어 아레테(arete)를 '덕(德, virtue)'으로 번역하는 사람들이 많다. 그러나 덕은 사람에게만, 그것도 윤리적으로만 적용된다는 점에서 문제가 있는 번역이다. 왜냐하면 아레테란 모든 종류의 사물에 적용되는 말이기 때문이다. 여하튼 사람의 경우에는 '덕은 지식이다'라고 번역할 수도 있겠다.

델피 신전에 새겨져 있었다는 '너 자신을 알라'라는 말의 뜻에 대해 소크라테스는 "사람은 누구나 혼을 가지며 그 혼이 각자에게 가장 귀한 것이니 저마다 자신의 혼이 훌륭하도록 보살펴야 한다는 것"[123]이라고 했다고 한다. 여기서 '혼'은 '정신'이라고 생각해도 좋으리라. 따라서 너 자신을 알라는 말은 '훌륭한 정신을 갖도록 하라', 즉 '덕을 갖도록 하라'는 말이 된다.

덕의 사전적 의미는 '마음이 바르고 인도(人道)에 합당하며 포용성 있는 품성'이다. 나는 이 '덕'이 반드시 지식에 의해 얻어지는 것이라고 생각하지 않는다. 만일 덕이 지식에 의해서만 확보되는 것이라면 지식인이야말로 덕이 높은 사람이리라. 그러나 우리가 살면서 무수히 보아오듯 지식인 중에는 덕이 낮거나 아예 없는 사람도 많다. 따라서 '아는 만큼 본다'라는 말을 덕에 적용해 '아는 만큼 덕이 있다'고 말하는 사람이 있다면 다른 사람의 동의를 거의 받지 못하리라. 나는 인간이면 누구나 볼 줄 알고 지식이란 그 보는 정도를 조금 더 높여줄 뿐이라고 생각한다. 그래서 나는 '아는 만큼 본다'는 말은 부분적으로만 인정하고, '아는 만큼 덕이 있다'는 말은 아예 인정하지 않는다. 물론 지식이 덕성의 함양에 어느 정도는 기여할 수 있으리라. 그러나 지식이 없다고 해서 덕이 없다고는 말할 수 없다.

그런데 소크라테스는 덕을 지식이라고 했다. 여기서 고대 그리스에서 덕이란 말이 우리가 지금 사용하는 덕이란 말과 다를 수도 있음을 주의해야 한다. 여하튼 중요한 것은 덕이란 가르쳐 습득시킬 수 있는 것이자 누구나 배울 수 있는 것이어야 했다는 점이다. 이는 아테네의 민주시민이라면 누구나 당연하다고 여긴 생각으로, 바로 소피스테스들의 생각이기도 했다.

그러나 소크라테스는 반대로 생각했다. 즉 참된 지식은 절대적인 정의(定義)를 통해서만 얻어질 수 있다고 하면서, 그런 지식은 소수에 의해서만 얻어질 수 있다고 생각해 이렇게 주장했다. "덕이란 타고나는 것도 아니고, 가르쳐 습득시킬 수 있는 것도 아니다. 덕을 갖춘 사람이 있다면 그것은 지성과도 관계없이 신의 은혜로 얻은 것이다."[124] 그렇지만 아테네인들은 시민은 철학의 대가일 필요가 없으며 단지 이성을 가진 상식인이면 충분하다고 생각했다. 이처럼 덕과 지식에 대해 소크라테스와 아테네인들은 근본적으로 다른 견해를 갖고 있었다.

'덕 = 지식'이라는 소크라테스의 명제는 '용기'라는 덕의 경우에도 문제가 된다. 그리스어에서 덕이라는 말은 용기라는 뜻을 포함한다. 따라서 소크라테스도 용기를 덕의 하나로 보았고, 덕으로서의 용기도 지식이라고 생각했다. 그러나 용기가 반드시 지식에서 나오는 것은 아니다. 지식이 용기를 약화시킬 수도 있으며, 용기가 지식을 넘어설 수도 있다. 플라톤의 대화편 중 《라케스》는 '용기에 대하여'라는 부제를 달고 있으나, 이 문제에 대한 해답을 제시하지는 않는다.

《프로타고라스》는 덕과 지식에 대한 소크라테스와 소피스테스의 논쟁으로 유명하다. 페리클레스의 친구로 페리클레스가 추진한 투리오이의 헌법을 기초하기도 한 프로타고라스에게 소크라테스는 이렇게 말한다.

> 그렇다고 그에게, 앞의 경우처럼, 어떤 선생 밑에서 배우지도 못한 놈이 건방지게 의견을 말하다니 하고 비난하는 사람은 전혀 없어요. 그 이유는 명백하지 않습니까? 이것은 분명히 사람들이 그런 것은 가르쳐질 수 있는 것이 아니라고 생각하기 때문이죠.[125]

이 말은, 아테네 민회는 어떤 사업을 준비할 때는 그 분야의 전문가를 불러 그의 의견에 귀를 기울이는데 반해 일반적인 국사를 논의하는 경우에는 그렇게 하지 않는다는 것을 말한 것이다.[126]

소크라테스는 개인적으로도 덕은 가르쳐 습득시킬 수 있는 것이 아니라고 주장하고, 페리클레스가 자기 아들에게 덕을 가르치지 못했음을 보기로 든다. 프로타고라스는 소크라테스가 자신의 친구인 페리클레스를 비난하고, 약 2세기 전부터 인정돼 온, 모든 사람이 민회에서 발언할 수 있는 권리를 비판하자 다음과 같이 답한다.

> 사람들이 행하려는 토론의 제목이 국민으로서 가져야 할 덕성에 관계되고, 그 모두가 정의와 분별(절제)에 의하여 규제돼야 할 경우에는 어떤 사람의 의견이라도 받아들이네. 이것은 당연한 것일세, 그렇

지 않겠나? 사람들이란 덕성에 관한 한 본시 누구나 그 덕을 나누어 가졌으니까! 그래야만 나라가 성립되지 않겠는가?[127]

즉 처음 창조되었을 때부터 고립된 존재였던 인간은 야수로부터 자신과 가족을 방어하기 위해 도시를 건설하여 서로 모이게 됐다. 그러나 서로 평화롭게 살 수 있는 정치술을 갖지 못해 붕괴했다. 하지만 제우스가 인간에게 정치술을 가르쳐 주어서 모두가 자기 몫의 시민적 기술을 갖도록 했다는 것이다.[128]

이에 대해 소크라테스는 "질과 양이 풍부하고 당당한 웅변"이라고 말하면서 더 이상 논박하지 않고, 덕은 지식이기 때문에 가르쳐 습득시킬 수 있다는 결론을 내린다.[129] 이처럼 소크라테스가 덕이란 가르쳐 습득시킬 수 있는 것이라고 인정한다면 평민들도 교육에 의해 스스로 통치할 수 있게 된다는 결론에 이르게 된다. 하지만 대화는 그렇게 발전하지는 못하고 끝난다.[130]

결국 《프로타고라스》의 속편인 《메논》에서 소크라테스는 다시 입장을 바꾸어 덕은 가르쳐 습득시킬 수 없으며, 오직 신께서 부여해주는 것이라고 주장한다. 그러나 신이 덕을 부여하는 것이라면 평민도 덕을 갖출 수 있다는 주장으로 나아갈 수 있다. 그러나 소크라테스는 거기까지 주장을 전개하지 않고 대화를 끝낸다.

철학의 세계를 우리는 상식으로 이해할 필요가 있다. 만약 소크라테스의 말처럼 덕이란 곧 지식인데 그 지식이 얻을 수 없는 것이라면, 가령 범죄자의 경우 그가 무지로 인해 본의 아니게 죄를 지었다고 주장하면 죄가 없는 것이 된다. 그러나 이는 현실적으로 용납될 수 없는 비상식이다.

소피스테스는 스스로를 지식과 덕의 교사라고 주장했다. 그러나 소크라테스는 지식과 덕은 가르쳐 습득시킬 수 없으므로 소피스테스는 사기꾼이라고 비난했다. 이런 소크라테스의 비난으로 인해 소피스테스는 두고두고 역사적으로 비난을 받게 됐다. 그런데 소크라테스가 지식과 덕은 가르쳐 습득시킬 수 없다고 주장한 이유는 무엇인가?

첫째, 그의 반민주적 사고 때문이다. 만약 덕과 지식이 가르치고 배울 수 있는 것이라면, 이는 '아는 자'가 통치하고 나머지는 무조건 그에게 복종해야 한다는 자신의 주장과 모순된다. 둘째, 절대적 확실성의 부정이라는 그의 철학 때문이다. 셋째, 자신의 제자 중에 반민주적인 인사들이 있었기 때문이다. 그 제자들에 대해서는 뒤에서 다시 언급하겠다.

그런데 소크라테스가 소피스테스들을 비난한 가장 근본적인 이유는 그들이 인간의 평등을 주장했고, 심지어 노예제도까지 부정했기 때문이다. 반면 소크라테스나 플라톤, 아리스토텔레스는 빈민을 멸시했고 노예제도를 긍정했다. 그리고 노예제도를 긍정한 자들의 계보는 스토아학파, 성 바울, 로마 법률가들, 미국 헌법 기초자들에 이르기까지 역사적으로 오랜 세월에 걸쳐 이어진다.

당대의 소피스테스들이 노예제도를 부정했다는 것을 증명할 만한 보기는 얼마든지 들 수 있다. 일례로 크세노폰의 《회상》에 등장해 소크라테스와 대화하는 안티폰이라는 소피스테스가 있다.[131] 스톤은 그를 인간의 평등을 가장 명백히 주장한 자로 평가한다.[132] 안티폰은 야만인까지도 아우르는 모든 인간의 평등을 주장했고, 모든 사람이 지식을 습득할 수 있다고 말했다. 그는 인간이 만든 도시법을 자연법과 구별했는데, 도시법은 피통치자의 동의로 확보된다고 하여 민주주의의 기본이 무엇인지를 보여주었다. 나아가 모든 불화의 원인은 부의 불평등에 있고, 부자는 이웃을 도와야 한다고 주장하는 등 복지국가론을 전개했다. 이는 소크라테스나 플라톤, 그리고 크세노폰이 빈민에 대해 전혀 관심을 기울이지 않았던 것과 대조적이었다.

민주정 전복되다

폴리스와 시민의 관계에 대해서도 소크라테스와 아테네 사람들은 생각을 달리했다. 일찍이 아리스토텔레스는 인간을 일컬어 '사회적 동물'이라고 했다. 그것은 '인간은 폴리스를 떠나서는 살 수 없다'는 의미였다. 이는 그리스인들의 상식이었다. 그러나 소크라테스는 이를 부정하는 것이 영혼을 완성하는 것이라고 말했다. 그리스인들은 도시운영에 참여하는 게 권리이자 의무라고 생각했으나 소크라테스는 그것을 부정했다.

그리스 민주주의의 상징인 솔론은 혁명의 시기나 정치적 투쟁의 시기에 중립적인 입장을 취하는 시민들로부터 시민권을 박탈하는 법을 제정했다. 페리클레스도 그렇게 해야 한다는 주장을 폈다. 솔론의 법이 일찍 폐기된 덕분에 소크라테스는 시민권 박탈을 면했다. 그러나 그는 나이 일흔이 될 때까지 시민으로서 해야 할 일을 거의 하지 않은 반사회적 인간이었다. 그가 살아있는 동안 민주주의가 전복되는 아테네 역사상 최악의 사태가 두 차례나 발생했으나 소크라테스는 그런 일과 전혀 무관하게 지냈다. 그는 그랬기 때문에 자신이 오래 살 수 있었다고 《소크라테스의 변론》에서 말했다.

반민주주의자 소크라테스는 민주국가 아테네에서 평생 자유를 누렸다. 그곳에서 그는 일흔이 될 때까지 반민주주의를 마음껏 설교하며 명성과 인기를 누렸다. 시민이면 누구나 그를 고발할 수도 있었지만 아무도 고발하지 않았다. 왜 그랬을까? 무슨 사정이 있었는가?

기원전 411년과 404년에 적국 스파르타와 공모한 불만세력이 아테네 민주정을 전복시키고 독재정권을 수립해 공포정치를 했고, 소크라테스 재판이 있기 2년 전인 401년에도 그런 세력이 민주정 전복을 기도한 적이 있다. 그리고 이 세 번의 반민주 책동에 소크라테스의 젊은 제자들이 주모자로 가담했다. 소크라테스를 고발한 사람들이 소크라테스가 젊은이들을 선동했다고 한 것은 바로 이 점을 말한 것이었다.

최초의 독재정권인 411년의 400인 독재는 4개월로 끝났으나, 두 번째 독재인 404년의 30인 독재는 8개월이나 지속됐고, 그 정도도 너무나 끔찍했다. 이 두 차례의 독재는 적국 스파르타와 내통한 귀족 모반자들이 민주주의를 전복시킨 결과였다.

30인 독재정권과 소크라테스

플라톤의 《소크라테스의 변론》에 의하면 소크라테스는 두 차례에 걸쳐 아테네의 정치에 관여했다. 그러나 두 번 다 자신의 자유로운 의지에 의한 참여가 아니었다. 상황에 의해 강요된 참여였다.

첫 번째 참여는 기원전 406년 아르기누사이 해전이 계기가 됐다. 펠로폰네소스 전쟁 말기의 이 해전에서 아테네 군은 상대편 전함 70척을 격파하고 대승을 거두었다. 하지만 그 과정에서 아테네 쪽도 25척의 함선을 잃었다. 전투가 끝난 후 지휘관들은 침몰한 배의 파편을 붙잡고 표류하던 승무원들을 구조하고 전사자들의 시신을 수습하려 했지만, 때마침 몰아닥친 폭풍우 때문에 실패하고 만다. 이로 인해 당시의 지휘관이었던 10명의 장군이 문책을 당하게 되었는데, 그들 중 2명은 문제의 해전에 참전하지 않았고, 또 다른 2명은 소환에 응하지 않아 나머지 6명만이 재판을 받고 사형에 처해졌다.

이때 소크라테스는 추첨으로 500인 평의회의 일원으로 뽑혔다. 그가 속한 부족은 평의회의 당번 의장단으로서 의안을 민회에 상정해야 했다. 그런데 재판관들은 죄인을 1명씩 재판에 회부하도록 규정된 법을 따르지 않고, 민중의 분노에 의거해 장군들을 일괄해서 재판에 회부하는 내용의 위법한 의안을 상정했다. 이에 소크라테스는 홀로 그 의안에 반대했다. 이에 대해 플라톤은 다음과 같은 소크라테스의 회고를 기록했다.

그때 협의회의 업무를 관장하던 부족 사람들 가운데 저 혼자만이 여러분께서 법률에 어긋나는 그 어떤 것도 하지 말도록 반대했으며, 또한 반대투표까지 했습니다. 그래서 연설가들은 저를 고발하고 체포할 태세였고, 여러분 또한 그리 하라고 촉구하며 고함을 질러댔습니다. 하지만 저는 구금이나 죽음을 두려워하여 올바르지 못한 결정을 내리려는 여러분 편이 되느니보다는 오히려 법과 올바른 것의 편이 되어 온갖 위험을 무릅써야만 한다고 생각했습니다.[133]

이 기록이 어디까지 진실인지는 아무도 모른다. 그러나 의안의 채택은 의장단의 합의에 의해 이루어지는 것이었으므로 소크라테스가 홀로 반대했다고 해도 그 채택을 저지할 수는 없었음이 분명하다. 이 경험으로 인해 소크라테스는 민중재판에 대한 적대감을 갖게 됐으리라.

한편 스파르타는 아테네에 화의를 요구했으나, 당시 민중의 반대에 의해 화의가 거부됐다. 이에 따라 스파르타는 페르시아의 원조를 얻어 다시 전쟁을 개시해 405년의 해전에서 대승리를 거두고 아테네 부근까지 쳐들어왔다. 404년 아테네는 강화조약을 체결하고 스파르타의 동맹국이 됐다. 이때 30인 임시정부가 수립되어 민주파를 탄압하기 시작했다. 크세노폰에 의하면 소크라테스는 당시 다음과 같은 비유로 30인 정권의 폭정을 비판했다.

> 소를 치는 사나이가 소의 수를 감소시키고 질을 저하시키면서 자기가 서투른 소몰이인 것을 인정하지 않는다면 기묘한 이야기임에 틀림없는데, 하물며 국가의 지도자가 된 자가 시민의 수를 감소시키고 질을 저하시키고도 수치로 알지 않으며, 또 자기가 저열한 국가 지도자라는 것을 알지 못한다면 기묘한 이야기다.[134]

이런 소크라테스의 비판을 전해들은 30인 정권의 크리티아스 등은 소크라테스를 불러 청년들에게 더 이상 말의 기술을 가르치지 말 것을 지시했고, 소크라테스는 이를 따져 물었다고 크세노폰은 말한다.[135] 그러나 플라톤의 《소크라테스의 변론》에는 소크라테스가 그런 사실을 지적하여 자신이 30인 정권에 의한 폭정의 희생자임을 주장했다는 기록이 나오지 않는다. 따라서 크세노폰이 한 이야기의 진위가 의심스럽다.

여하튼 크리티아스가 에우티데모스라는 청년을 유혹하는 것을 소크라테스가 비판하여 크리티아스의 미움을 샀고, 이 때문에 크리티아스는 말의 기술을 가르치는 것을 금하는 조항을 법률에 넣었다고 크세노폰은 기록했다.[136] 만일 이 기록이 사실이라면 소크라테스는 이것도 자신을 변호하는 근거로 사용했을 법하다. 그러나 플라톤이 《소크라테스의 변론》에서 이것을 거론하지 않은 것은 그가 《국가》에서 변증법의 가르침을 엄격하게 제한한 점과 상치되기 때문이었을 것으로 짐작된다.

대신 플라톤은 다른 일화를 들어 소크라테스가 30인 정권의 폭정에 반대했음을 보여준다. 《소크라테스의 변론》에 기록된 그 내용은 이렇다. 30인 정권의 독재자들은 소크라테스를 포함한 5명을 집행부로 불러들여 살라미스 사람 레온을 체포하라는 명령을 내렸다. 당시 정권은 독재를 위해 무고한 사람들에게 죄를 뒤집어씌운 후 그들을 살해했는데, 레온도 그렇게 죽은 사람들 가운데 하나였다. 소크라테스는 이러한 폭정을 부당하다고 여기고 명령에 불복한다. 즉, 명령을 받고 집행부에서 나왔을 때 나머지 4명은 레온을 체포하러 살라미스로 갔지만 소크라테스는 조용히 집으로 돌아간 것이다. 먼훗날 법정에서 소크라테스는 만일 당시 30인 정권이 바로 붕괴하지 않았더라면 자기는 체포명령 불복종으로 살해됐을 것이라며 자신의 정의로움을 피력했다.[137]

이 두 번째 사례에서도 소크라테스는 적극적인 정치 행위를 하는 대신 '집으로' 가는 개인적 차원의 미미한 저항만을 했을 뿐이다. 즉 그는 명령에 저항한 것이 아니라 자기가 있던 건물에서 나와 말없이 집으로 돌아간 것에 불과했다. 소크라테스를 고발한 아니토스는 그때 30인 정권의 독재자들을 타도할 계획을 세우고 있었으나, 소크라테스는 그런 망명자들의 모임에 가지 않고 단지 '집으로' 돌아갔다. 이를 불의에 저항하는 시민적 의무의 수행이라고 볼 수 있는가?

당시 소크라테스가 살해를 면한 이유는 30인 정권의 수령인 크리티아스가 소크라테스의 옛 제자였기 때문이라고 짐작된다. 말하자면 권력의 비호를 받았던 것이다. 30인 정권은 크리티아스가 전사함에 따라 8개월 만에 끝났다. 그러나 아테네의 민주제는 2년 뒤인 기원전 401년에야 회복됐다. 그리고 다시 2년 뒤에 소크라테스는 고발됐다.

소크라테스를 고발하는 데 앞장섰던 아니토스는 30인 정권에 의해 망명을 했다가 고된 내전을 거쳐 민주정을 회복시킨 자였다. 그런 그에게 소크라테스가 민주주의의 적으로 보인 것은 당연했다.

그러나 민주정이 회복되기 전에 이미 내전의 책임을 묻지 않는다는 대사면 협약이 체결됐기 때문에 민주정 측은 크리티아스와 관련해 소크라테스를 처벌할 수는 없었다. 또한 당시 아테네는 스파르타와 동맹관계에 있었기 때문에 소크라테스를 반민주적 과두파나 친스파르타주의자로 처벌할 수도 없었다. 그래서 만들어진 죄목이 애매한 내용의 '불경죄'였다고 짐작된다. 그러나 소크라테스는 무신론자가 아니었기 때문에 통상의 불경죄로 처벌하기도 쉽지 않았다. 때문에 귀신과 소통한다는 이유와 청년들을 타락시킨다는 이유가 더해졌다.

당시 아테네 시민들 사이에는 30인 정권에 대한 혐오심이 팽배했다. 때문에 비록 대사면 협약에 따라 30인 정권과 관련됐던 혐의자들을 처벌할 수 없긴 했지만 그들에 대한 시민들의 혐오감까지 해소하기는 힘들었다. 대중은 다른 수단을 통해서라도 자신들의 혐오감을 표출하고 싶어 했다. 그중 하나가 공무원 자격심사였다. 공무원 자격심사는 기원전 403년 민주정이 회복된 이후 특히 강조됐는데, 심사 항목 중 가장 중요한 것은 단연 민주정에 대한 충성심이었다.

당시의 공무원 자격심사와 관련된 변론 중 남아 있는 사료에 의하면 피고 전원은 30인 정권의 과두정에 적극 협력했다는 혐의를 받았다. 특히 민주, 과두 양파의 내전에서 도피해 30년 정권 시대에 망명하지 않고 아테네에 머물렀다는 점이 고발의 이유가 됐다. 피고들은 과두정에 협력했다는 이유로 자신들을 처벌하는 것은 대사면 협약을 위반하는 것이라고 항변할 수도 있었다. 그러나 그들은 일체의 항변도 하지 않았다. 도리어 그들은 자신들은 과두정과 아무 관련이 없다고 주장하며 민주정에 대한 충성심을 강조하는 데 급급했다.

이처럼 자격심사에 의한 부적격 공직자의 추방이 강조된 시기에 소크라테스 재판이 열렸다는 점은 그의 실제 혐의가 30인 정권과의 관련성에 있었음을 말해준다.

칠십 노인이 재판에 회부된 이유

지금까지 살펴본 것처럼 소크라테스는 아테네인들과 여러 가지로 생각이 달랐다. 그러나 생각이 다르다는 이유만으로 재판을 받는다는 것은 있을 수 없는 일이다. 언론의 자유를 주장한 사회가 언론의 자유를 행사한 자를 재판했다면 명백히 잘못된 일이다.

기원전 399년, 소크라테스는 일흔의 나이에 재판에 회부됐다. 당시 아테네에는 검찰제도가 없었고, 시민이라면 누구나 고발을 할 수 있었다. 그러나 그에 대한 고발장은 남아있지 않다. 어떤 법에 의해 그가 고발됐는지도 알 수 없다. 플라톤이 전하는 바에 따르면 고발자는 세 사람이었고, 사건은 10개의 배심법원 중 하나에 배정됐다. 배심원은 선출된 501명이었다. 그야말로 주권자인 인민의 최고법원이었다.

고발자 세 사람은 아니토스, 멜레토스, 리콘이다. 아니토스는 장인과 정치인을, 멜레토스는 시인을, 리콘은 변론가를 각각 대표했다.[138] 그 가운데 아니토스가 가장 유명했고, 실질적으로도 제일 중요한 사람이었다. 그는 크리티아스의 정권을 전복하고 민주정을 회복시킨 무장저항에서 주도적인 역할을 한 부유한 가죽업자였다.

고발자의 목소리는 크세노폰과 플라톤에 의해 후세에 각각 다음과 같이 전해진다.

소크라테스는 국가가 인정하는 신을 신봉하지 않고, 새로운 신격을 수입한 죄를 지었다. 또 청년들을 부패시킨 죄도 지었다.[139]

소크라테스는 젊은이들을 타락시키고, 나라가 믿는 신들을 믿지 않고, 다른 새로운 영적인 것들을 믿음으로써 죄를 범했다.[140]

이는 물론 실제 고발장의 내용이 아니라 후일 소크라테스의 제자들이 쓴 저술을 통해 전해진 혐의일 뿐이다.[141] 여기서 '국가가 인정하는 신' 또는 '나라가 믿는 신'이란 폴리스의 신을 뜻하는 것이고, '새로운 신격을 수입한 죄'란 외국의 다른 신격을 수입했다는 것이 아니라 다른 신격을 믿었다는 뜻이다.

언급된 혐의들은 하나같이 분명하지 못하고 애매하다. 반국가적이라고 할 만한 요소도 없다. 신성모독이나 불경을 입증할 명백한 요소도 없다. 국가의 종교나 정치제도를 구체적으로 위배했음을 보여주는 요소도 없다. 이는 명확한 법률적 근거가 바탕이 되어야만 기소나 고발을 할 수 있었던 당시의 상황에 비추어 볼 때 의문점이 매우 많은 고발이다.

고대 그리스에는 이미 현대 형법의 기본인 죄형법정주의의 원칙이 존재했었다. 따라서 기소는 반드시 형법에 의해서만 가능했다. 죄형법정주의란 불문법이나 관습법이 아닌 성문법에 의한 재판을 말한다. 그러나 소크라테스 재판은 성문법이 아닌 불문법에 의한 재판으로 당시의 그리스에서는 그 예를 찾아 볼 수 없는 것이었다. 그러니까 지극히 예외적인 재판이었던 것이다.

성문법이 아닌 불문법에 의해 기소된 소크라테스의 재판이 문제시되지 않았던 점은 정말 의문이다. 크세노폰이나 플라톤은 물론 그 누구도 그러한 법원칙상의 문제를 지적하지 않았다. 불문법에 의한 불경죄 적용에 대해 소크라테스 자신도 명확하게 항변하지 않았다. 대신 "멍청한 멜레토스가 나를 무신론자로 고발했다"고 간단하게 논박했을 뿐이다.

더 중요한 점은, 고대 그리스에서는 무신론이 법에 의해 금지되지 않았으므로 멜레토스의 고발 자체가 무효였다는 것이다. 이 점에 대한 논의를 기록한 것은 플라톤의 《법률》뿐이다. 그러나 역사에서 종교적인 비관용이 실제로 나타난 것은 그보다 훨씬 뒤에 유태교와 기독교라는 일신교가 등장하고 나서부터였다.

또한 소크라테스가 무신론자라는 점은 이미 재판이 열리기 25년 전에 아리스토파네스가 《구름》에서 지적했으니, 그가 무신론자라는 이유로 재판을 받아야 했다면 그때 이미 재판을 받았어야 했고, 그러한 연극을 쓴 아리스토파네스도 법정에 나왔어야 했을 것이다. 그러나 그때는 재판은커녕 오히려 아리스토파네스는 그 작품으로 상을 받았고, 덕분에 소크라테스의 인기는 더욱 높아졌다. 이는 당시에 무신론이 아무런 죄가 되지 않았음을 말해준다.

소크라테스는 자신에게 씌워진 혐의가 무신론이라고 했으나, 크세노폰과 플라톤에 의해 후세에 전해진 고발 이유에서 보듯이 무신론은 실제의 고발 이유가 아니었다. 소크라테스가 고발당한 실제 이유는 그가 폴리스의 신들을 믿지 않았다는 것이다. 이때 '신을 믿는다'는 말은 폴리스의 '노모스(nomos)를 따르고 존중한다'는 것을 의미했다. 노모스란 관습과 법률을 뜻한다. 노모스를 따르고 존중하는 것은 아테네인들의 상식이었고, 소크라테스도 이 점을 인정했다.[142]

소크라테스가 고발당한 이유는 그가 아테네의 노모스를 위반한 데 있었다. 그러나 구체적으로 무엇을 위반한 것인지는 명시돼있지 않다. 플라톤도 크세노폰도 그것을 명시하지 않았다. 왜일까? 만약 그것을 명시할 경우 소크라테스의 구체적인 죄상이 드러나게 되고, 따라서 소크라테스에 대한 그들의 변호가 약화될 수 있었기 때문은 아닐까.

준법정신 때문에 탈출하지 않았다?

소크라테스는 결국 사형에 처해졌지만, 누구도 처음부터 그렇게 되리라고는 생각하지 않았다. 플라톤이 《변론》과 《크리톤》에서 말했듯이 소크라테스는 고발된 뒤에도 사형을 면할 기회가 몇 번이나 있었기 때문이다.

최초의 기회는 고발된 뒤 재판에 회부되기 전에 있었다. 소크라테스는 얼마든지 국외로 도망칠 수 있었다. 소크라테스보다 먼저 불경죄로 고소됐던 아낙사고라스도 국외로 탈출했고, 그 이후에 아리스토텔레스도 비슷한 죄목으로 고발됐으나 국외로 탈출했다. 그러나 소크라테스는 그렇게 하지 않았다. 왜?

두 번째 기회는 재판에서 유무죄 투표를 하기 전에 있었다. 만약 소크라테스가 보통 피의자처럼 무죄를 받기 위해 제대로 변론을 했더라면, 특히 철학활동을 포기하겠다고 서약했더라면 그는 무죄 판결을 받을 수도 있었다. 그러나 그는 너무나도 도전적인 변론을 했고, 그럼에도 불구하고 예상보다 근소한 차이로 유죄가 됐다. 왜?

유죄 판결을 받은 뒤에도 사형을 면할 기회는 있었다. 판결 후 형량에 대한 변론에서 소크라테스가 자신은 모두에게 최고로 유익한 일만을 한 사람으로서 영빈관에서 향응을 받아 마땅하다고 주장하며 배심원들을 우롱하지 않고, 원고 측의 사형 구형에 대응해 국외추방형을 신청했더라면 배심원들은 이를 받아들일 수 있었다. 그러나 소크라테스는 재판 그 자체에는 아무런 관심이 없는 것처럼 행동했다. 그는 고발장에 제시된 고발 이유에 대해 진지하게 스스로를 변호하지 않고, 도리어 자기의 생존방식을 설명하면서 자기의 철학적 사명이 신으로부터 부여된 것이라고 주장함으로써 스스로 사형을 원하는 것처럼 행동했다. 그리고 결국 사형을 선고받았다. 왜?

사형이 선고된 후에도 기회는 있었다. 일반적으로 사형은 선고 후 바로 다음날 형이 집행됐지만 소크라테스의 경우에는 우연한 사정으로 처형이 연기돼 약 30일간 감옥에 갇혀 있었다. 그동안 그는 친구들의 도움을 받아 탈옥할 수 있었고, 당국도 이를 묵인할 태도였으나 그는 탈옥을 거부했다. 왜?

도대체 그는 왜 모든 기회를 마다하고 굳이 죽음을 택했을까? '악법도 법'이라고 한 소크라테스의 준법정신이 그 이유라는 견해가 한동안 지배적이었다. 사실 그는 악법도 법이란 말을 한 적도 없건만, 이와 관련된 이야기는 우리의 교과서에도 실려 있다가 1995년에야 삭제됐다.

이에 대해 강정인은 《소크라테스, 악법도 법인가?》에서 소크라테스가 악법도 법이란 말을 하지 않았음을 100쪽이 넘는 지면을 통해 열심히 논증했다. 그는 우리의 법학계, 정치학계 및 철학계는 소크라테스를 곡해하고 그의 권위를 이용해 국민들로 하여금 악법을 별다른 저항 없이 받아들이도록 했다고 비판하면서, 하루속히 소크라테스의 명예를 회복시켜야 한다고 역설했다.

소크라테스가 정말 악법도 법이란 말을 했는지에 대한 진위를 밝히기 위해 문헌학적인 논의를 하는 것은 서양사상에 대한 이해가 참으로 얕은 우리에게 필요한 작업이다. 그러나 그 논의는 '누가 서양사상을 보다 잘 아나' 식의 문헌학적 논의에만 그친 게 아닌가 하는 점에서 아쉬움은 남는다. 그와 동시에 우리의 악법이나 정치현실에 대한 논의를 함께 전개했어야 했다.

정치학계를 비롯한 사회과학계도 우리의 악법 양산이나 잘못된 보수와 진보의 구별, 또는 정치불참 현상에 책임이 있으므로 그 엄중한 문책을 받아야 한다. 나는 그러한 논의가 속히 전개되기를 희망한다. 강정인의 책에도 그러한 문책이 없는 것은 아니지만 본론의 사족처럼 붙어있을 따름이어서 아쉽다. 이제부터라도 그 사족이 본론이 되고 소크라테스의 말시비 따위가 사족이 되기를 희망한다. 그래야만 소수에 의해 수행되고 있고 그 반향도 지극히 미약하긴 하지만 치열한, 악법에 대한 비판 작업에 도움이 될 것이다.

니체, 소크라테스식 합리주의를 비판하다

니체는 우리의 사고를 자유롭게 했다는 점에서 소중한 사상가다. 그러나 그의 반민주주의나 노예찬양론까지 '사고의 자유'라고 해서 용인한다면, 그런 그의 사상이 영향을 미쳤다고도 평가되는 나치까지 우리가 용인하는 결과가 될 것이다. 이런 점에 주의하면서 우리는 소크라테스에 대한 니체의 평가를 살펴볼 필요가 있다.

니체는 1872년에 쓴 《비극의 탄생》에서 소크라테스로부터 유럽의 허무주의가 시작됐다고 했다. 그는 명정(明正)한 아폴로적인 것 대신에 황홀한 디오니소스적인 것이 우세했거나 양자가 서로 조화된 '아티카 비극'(고대 그리스 시대에 아테네를 포함하는 아티카(Attica) 지방의 시인들이 쓴 비극)을 그리스 문화의 정점으로 보고, 소크라테스 이후 그것이 퇴보했다고 했다. 이는 선하기 위해, 또는 아름답기 위해서는 모든 것이 먼저 의식돼야 한다는 합리주의가 소크라테스에 의해 시작됐다고 보았기 때문이다.

이를 가리켜 니체는 소크라테스주의라고 했다. 그것은 모든 것은 합리적으로 설명할 수 있고, 합리적인 추론을 해나감으로써 모든 것의 진상이 명백하게 밝혀진다고 기대할 뿐만 아니라, 모든 것이 합리적으로 해명되고 표현돼야 한다고 주장하는 합리적 사고를 무한히 신뢰하는 입장을 말한다.

니체는 이러한 소크라테스주의에 의해 그리스 비극이 파괴됐고, 그 후 서양에서는 학문이 인간의 생존을 이끄는 가치를 부여하는 역할을 하게 됐으며, 이 역할은 소크라테스주의의 낙관주의에 의해 수행됐다고 보았다. 그러나 니체는 소크라테스주의 자체가 하나의 망상에 불과하며, 실제로 학문이 망상을 해소해가는 가운데 망상인 소크라테스주의 자체도 해소된다고 주장했다.

니체는 소크라테스 – 플라톤주의의 민중판은 기독교이고, 그 현대판은 칸트라고 하면서, 기독교와 칸트의 도덕은 군주도덕에 반하는 노예도덕이라고 비판했다. 니체는 도덕을 초월한 것이 아니라 군주도덕에 사로잡혔고, 결국 그가 비판한 소크라테스 – 플라톤의 군주도덕론을 답습하는 데 그쳤다. 니체가 아무리 찬양된다한들 그가 이처럼 반민주주의자였다는 점은 부정할 수는 없는 사실이다.

고대 그리스의 민주주의를 이야기할 때 연극은 빼놓을 수 없는 소재다. 한때 극장 입장료를 국가가 부담할 정도로 연극은 그리스에서 비중있는 분야였다. 당연히 유명한 비극작가들이 등장했다. 그중에서 니체가 찬양한 비극작가는 아이스킬로스와 소포클레스다. 반면 에우리피데스는 비하했다. 그러나 에우리피데스는 비하될 만한 작가가 아니다. 이들 세 작가는 모두 언론의 자유를 표현했다는 점에서 높이 평가해야 할 작가들이다.

아이스킬로스는 《탄원하는 처녀들》에서 합법적인 정부는 통치 받는 사람들의 동의에 근거한다는 사상을 최초로 소개했다. 다나우스의 딸들이 재산을 노리는 구혼자들을 피해 이집트에서 아테네로 도망치자 이집트에서 그들을 인도해줄 것을 아테네에 요구한다. 이 요구는 당시 법에 비추어 타당한 것이었으나, 다나우스의 딸들은 박해받는 희생자로서 피난처를 구할 수 있도록 허용하는 '더 높은 법'에 호소한다. 그리스 왕은 민회에서 그들의 호소를 받아들이자고 제안했고, 민회 참석자들은 이 제안을 열렬히 수용한다.

소포클레스의 《안티고네》에서도 언론의 자유가 극적으로 표현됐다. 이 작품에서는 국가의 법과 개인의 도덕적 의무 사이의 갈등, 즉 독재자의 사체매장 금지 명령에도 불구하고 죽은 오빠의 시신을 매장하고자 하는 누이동생 안티고네의 의무감이 불러일으킨 갈등이 표현됐다. 왕 크레온은 안티고네를 불복종으로 처벌하려고 하나, 그의 아들인 왕자 하이몬이 그것은 옳지 않다고 비판한다.

크레온 범법자를 존중하는 것이 바람직하단 말이냐?

하이몬 누구에게도 악을 저지른 자를 존중하라고 할 수는 없습니다.

크레온 그 여자가 그런 병폐에 빠진 것은 아니냐?

하이몬 우리 테바이 사람들은 입을 모아서 그렇지 않다고들 합니다.

크레온 내가 다스려야 할 것을 국민이 내게 지시하는 거냐?

하이몬 꼭 애들 같은 말씀을 하시지 않습니까?

크레온 내가 이 나라를 내 판단이 아니라 남의 판단대로 다스려야 하느냐?

크레온 한 사람의 소유물이라면 그건 이미 국가가 아닙니다.

크레온 국가가 통치자의 것이 아니란 말이냐?

하이몬 사람 없는 땅에서는 훌륭한 군주가 되실 것입니다.[143]

그러나 독재자 크레온은 하이몬의 말을 따르지 않았다. 그는 하이몬과 안티고네는 물론 왕비까지 죽고 나서야 비로소 민주주의의 중요성을 깨닫는다. 소포클레스는 페리클레스의 친구였고, 아테네의 행정 및 군사 분야에서 최고 직위에 두 차례나 선출됐으며, 최고 회계관으로 근무했다.

에우리피데스는 언론의 자유를 최초로 주장한 극작가인 동시에 노예와 주인은 동등하며 서자도 합법적으로 출생한 사람이라고 선언했고, 작품에 여성을 자랑스럽게 등장시켜 그리스의 여성해방가임을 보여준다. 가령 《히폴리토스》에서 왕비 파이드라는 "언론의 자유를 마음대로 펼칠 수 있는 영광스러운 아테네에서 자식들이 성장하기를 희망한다"[144]고 말한다. 또한 《안드로마케》에는 "정말로 현명한 것은 인류에게 양쪽 주장을 들으라고 가르친 자의 교훈"[145]이라는 말이 나온다. 그리고 단 몇 줄만이 전해지는 《아우게》에는 다음과 같이 구절이 나온다.

폴리스가 한 사람의 손이나 몇 사람의 지배하에 있는 것을 기뻐하는 모든 자들이 저주를 받게 될 것이다! 자유인이라는 이름은 모든 이름 중에서 가장 소중하다. 그 이름을 갖는 것은 비록 다른 것은 가진 것이 없다고 해도 많은 것을 갖는 것이다.[146]

— # 4장 | 소크라테스의 변론

크세노폰의 기록

재판을 이용해 자살했다

크세노폰은 소크라테스 재판의 기록으로 《변론》과 《회상》(4권 8장 부분)을 썼다. 나는 여기서 두 저서 중 우리말로 번역 출간된 《회상》을 중심으로 하되 《변론》도 참고로 하면서 소크라테스의 재판을 살펴보겠다.

크세노폰은 《변론》의 도입부에서 소크라테스는 스스로 죽음을 선택했다고 말한다. 그리고 《회상》에서는 다음 두 가지 이유를 들어 소크라테스 자살론을 보충한다.[147]

첫째, 소크라테스는 이미 70살이니 사형이 아니라도 곧 죽으리라는 점. 따라서 둘째, 사형에 처해짐으로써 그는 살아있다면 피해갈 수 없는, 사고력이 감퇴되는 인생에서 가장 넌더리나는 시기를 피하고, 법정에서는 판결에 구애받지 않고 진실과 자유와 정의의 이름으로 멋들어진 변론을 하고, 죽음을 맞아서는 지극히 온화한 태도로 남자답게 인내하면서 정신의 강함을 보여주어 불후의 명성을 확보했다는 점.[148]

이어 크세노폰은 소크라테스의 죽음보다 위대한 죽음, 행복한 죽음, 신의 가호를 받은 죽음은 없다고 말한다.[149] 그리고 자기가 헤르모게네스에게서 들은 이야기를 전한다. 이 부분이 《변론》의 요약이다. 먼저 고발장이 제출됐을 때 소크라테스가 그것과 관련된 이야기를 전혀 하지 않자 헤르모게네스가 변론할 문구를 생각해 두었느냐고 물었고, 이에 대해 소크라테스는 평생 그 준비를 해왔다고 답한다.

> 나는 한평생을 오직 정의와 부정을 탐구하는 데, 그리고 정의를 행하고 부정을 피하는 데 소비해 왔으며, 이것이 변론의 가장 훌륭한 준비라고 생각하네.[150]

이에 헤르모게네스가 재판에서는 변론의 잘못으로 무고한 사람이 죽기도 하고 유죄인 자가 석방되기도 한다고 말하자, 소크라테스는 자기가 석방을 위해 변론하는 것을 귀신이 반대한다고 답한다.[151] 귀신이 자기에게 이쯤에서 죽음을 맞으라고 말한다는 것이다. 그는 이렇게 말한다.

> 나는 나보다 낫고 즐겁게 생애를 보낸 인간이 있다고는 인정하지 않

네. 왜냐하면 나는 가능한 한 선한 인간이 되려고 최선을 다하는 자가 최선의 생애를 보내는 자이고, 전보다도 한층 더 선한 사람이 되었다고 자각하고 있는 자가 가장 즐거운 생애를 보내는 자라고 생각하기 때문일세.[152]

이어 소크라테스는 노년의 삶은 괴로운 것이니 귀신이 변론하지 말라고 한 것이라고 해석한다.[153] 나아가 설령 자신이 부당한 죽음을 맞이한다 해도 그것은 추한 죽음이 아니며, 도리어 부당하게 자신을 죽이는 자가 추한 것이라고 하면서 다음과 같이 말한다.

나는 지금 죽는다 하더라도 또한 사람들의 마음에 남아, 나를 죽인 사람들과는 다른 마음가짐을 사람들이 가져 주리라는 것을 알고 있네.[154]

이러한 크세노폰의 기록은 소크라테스의 죽음이 늙어가는 것을 두려워한 한 노인의 체념적 자살 같다는 생각을 갖게 한다. 만일 크세노폰의 기록이 옳다면 소크라테스의 죽음을 성인의 죽음이라고 할 수 없다.

그런데 주의할 점은 표결이 끝난 뒤에 소크라테스가 자신에게 내려진 사형 판결에는 반대했다는 것이다.

이제 법률이 사형죄에 해당하는 것으로 규정한 모든 행동, 이를테면 신전 도둑질, 강도질, 불법으로 노예로 삼는 일, 국가에 대한 반역 등의 죄목들 가운데 어느 하나를 내가 범했다고는 적대자들조차 몰아칠 수 없는 것이오. 그러니 내가 사형을 받을 만한 행동을 했다고 당신들이 어떻게 확신할 수 있었는지 나로서는 놀라운 일이오.[155]

그러나 이미 사형 판결은 내려졌다. 이상과 같이 《회상》에 요약해 언급되어 있는 내용 외에 《변론》에서 크세노폰은 소크라테스의 법정 변론의 내용을 설명한다.[156] 불경죄에 대한 그의 법정 변론은 《회상》에서 설명한 내용과 거의 같다. 즉 불경죄와 청년들을 타락시킨 죄에 대한 변론이 그것이다.

국가의 신을 부인하고 귀신을 인정한 죄
먼저 소크라테스를 고발한 이유에 대한 번역에서 '국가가 인정하는 신을 신봉하지 않았다'는 부분에는 문제가 있다. 원문에는 '국가가 인정하는 신을 인정하지 않았다'고 돼있기 때문이다. 여기서 '신봉'과 '인정'의 차이는 크다. 왜냐하면 신봉한다는 것은 신앙이나 사상을 마음으로부터 받아들이고 찬양하는 내면적 행위인 데 반해 인정한다는 것은 단지 신들에게 제사를 지내는 것과 같은 외면적 행위에 불과하다고 해석될 수 있기 때문이다.

크세노폰은 소크라테스가 "여러 번 그의 집에서, 또 국가 공공의 제단에서 제사를 지낸 것은 누구나 알고 있는 사실"[157]이라면서 소크라테스가 국가의 신을 부인했다는 혐의를 일축했다. 사실 크세노폰의 주장처럼 소크라테스는 무신론자도 아니었고, 국가의 신에 대한 제사를 게을리 하지도 않았다. 게다가 당시의 그리스에는 종교적인 정통 교의가 없었기 때문에 그것을 신봉하지 않으면 처벌한다는 법도 없었다.

그렇다면 이제 '새로운 신격을 수입한 죄'에 대해 살펴보자.[158] 이 점에 대해 크세노폰은 다음과 같이 덧붙인다.

또 점을 친 것도 잘 알려져 있었기 때문이다. 소크라테스가 "신령이 나에게 신탁을 내린다"고 말한 사실은 널리 횡전되고 있다. 생각하건대 새로운 신격을 수입했다는 비난을 받은 것은 무엇보다도 여기에 원인이 있다.[159]

위에서 신령이라고 번역된 다이미니온(daiminion)은 '귀신들'이라고 번역함이 옳고, '신탁을 내린다'는 '신호를 한다'로, '횡전'은 '알려져 있다'로 번역해도 충분하다. 이를 정리하면 '귀신들이 소크라테스에게 어떤 신호를 했다'는 게 된다. 플라톤은 이 현상을 소리 형태의 신적이며 영적인 무언가가 소크라테스의 행동에 일정한 제약을 가하는,[160] 소크라테스 특유의 심리현상이라고 보았다.

한편 크세노폰은 이 현상을 소크라테스가 일종의 점을 본 것이라고 풀이하면서, 그건 죄가 될 수 없다고 주장했다. 그리고 계속해서 이렇게 말한다.

> 그리고 신령의 신탁에 따라서 여러 제자들에게, 혹은 그렇게 하라든가, 또는 그것을 해서는 안 된다고 들려주었다. 그리고 그의 충고에 따른 자는 덕을 보고, 따르지 않았던 자는 후회하기에 이르렀다.[161]

즉 크세노폰은 귀신의 신호가 소크라테스 개인의 행동에만 영향을 미쳤다고 본 플라톤과 달리, 소크라테스의 주변 사람들에게까지 영향을 미쳤다고 보았다. 이는 당시 아테네 사람들이 소크라테스와 그의 동료들을 바라본 관점이었을 수도 있다. 다시 말해, 소크라테스와 그의 동료들을 일종의 신비적인 종교집단으로 보았을 수도 있었겠단 얘기다. 이런 관점은 아리스토파네스의 《구름》에도 묘사돼 있다.

지금까지 우리는 소크라테스의 첫 번째 혐의, 즉 국가의 신을 부인하고 귀신을 인정했다는 불경죄에 대해 살펴보았다. 그러나 이는 명목에 불과했다. 왜냐하면 재판 과정에서 소크라테스를 불경죄로 고발한 자가 정작 그와 관련해서 아무것도 모른다는 사실이 폭로되기 때문이다.[162]

청년들을 타락시킨 죄

소크라테스의 두 번째 혐의는 '청년들을 타락시킨 죄'다. 우리는 이 두 번째 혐의에 대해 본격적으로 살펴보기에 앞서 우선 소크라테스에 관한 델피 신탁에 대해 살펴볼 필요가 있다.

델피는 아폴론 신전이 있는 곳으로 국가적인 성지였다. 당시 그리스인들은 모든 문제를 결정함에 있어 신탁에 의해 판단하는 것이 최고로 현명한 판단을 내리는 길이라고 믿었다. 그런데 델피 신전의 무녀가 인류 가운데 소크라테스보다 현명한 사람은 없다고 말했다는 것이다.[163]

플라톤은 《소크라테스의 변론》에서 소크라테스 신봉자인 카이레폰이 그 말을 들었다고 하나,[164] 크세노폰은 많은 사람들이 그 말을 들었다고 한다. 또한 플라톤에 따르면, 소크라테스보다 현명한 사람은 없다고 말한 게 아니라 소크라테스보다 자유롭고, 올바르고, 사려 깊은 사람은 없다고 말했단다.[165] 어느 설명이 옳으냐에 대해 오래전부터 논쟁이 있었으나, 나는 여기서 그것을 검토하는 것은 별 의미가 없다고 생각한다.

문제는 배심원들이 그 말을 듣고 당연히 큰 소란을 일으켰다는 점이다.[166] 즉 소크라테스는 무죄 판결이 아니라 유죄 판결을 받고자 일부러 그렇게 한 것이었다. 플라톤이 이에 대해 설명한 바는 뒤에서 다시 검토하겠다.

청년들을 타락시킨 죄를 둘러싼 변론에 대해서도 크세노폰과 플라톤의 서술이 다르다. 플라톤의 기록에는 소크라테스가 "그렇다면 누가 젊은이들을 더욱 선하게 했는가?"라고 물어 멜레토스를 궁지에 빠뜨렸다고 돼있다. 그런가 하면 크세노폰은 소크라테스가 자신이 타락시킨 젊은이의 이름을 대라고 다그쳤다고 기록해 놓았다.

멜레토스가 소크라테스는 젊은이들에게 부친보다 자신을 따르라고 가르쳤다고 말하자, 소크라테스는 교육적인 면에서 그랬다고 답하고, 자신은 교육에서 뛰어난 사람으로 평가받는데 그것이 사형당할 이유냐고 반문한다.[167]

크세노폰은 그 밖에도 변론의 내용이 많지만 그 전부를 기록할 필요 없이 다음 사실을 확인하는 것으로 충분하다고 말한다. 즉 소크라테스는 신이나 사람에게 불경하거나 부정한 짓을 하지 않는 것을 중히 여겼고, 배심원에게 자신을 사형에 처하지 말아 달라고 간청하지도 않을 것이며, 도리어 자신은 이제 죽어야 할 때에 이르렀다고 믿었다는 것이다.[168]

이러한 확신 때문에 소크라테스는 사형에 대한 반대형량을 신청하라는 법정의 명령도 거부했다. 반대형량을 신청하는 것은 저지르지도 않은 죄를 스스로 인정하는 행위이므로 받아들일 수 없다는 것이었다. 이 점 역시 배심원들을 분노하게 만들었을 것이다. 법정과 국가를 무시하는 행위에 다름 아닌 소크라테스의 언행에 배심원들은 당연히 분노했으리라.

죽음을 받아들인 소크라테스는 자신을 탈출시키려는 친구들에게 "아티카 지역 밖의 어디에 죽음을 만나지 않는 곳이 있음을 그대들은 안다는 것인가?"[169]라며 그들의 계획을 포기시켰다.

이어 크세노폰은 재판 후 소크라테스가 한 말을 기록했으나,

이 기록도 플라톤의 기록과는 차이가 있다. 크세노폰에 의하면, 소크라테스는 증인들에게 허위증언을 하도록 가르친 자들과 허위증언을 하도록 설득당한 자들은 엄청난 부정과 불경 행위를 저지른 것임을 스스로 알아야 한다고 말하고, 고발사항 전부에 대해 자기가 유죄임이 입증되지 못했고, 자신은 법률상 사형에 처해질 만한 행위를 전혀 하지 않았으므로, 설령 부당하게 살해된다고 해도 조금도 낙담하지 않는다고 말했다.[170] 그리고 너무도 즐겁게 법정을 떠나며, 울먹이는 친구들에게 "나에게는 태어난 그 순간부터 자연에 의해 사형이 선고됐다는 것을 그대들은 전부터 이미 알고 있지 않았는가"[171]라며 위로했다.

청년들을 타락시킨 죄의 내용에 대해 플라톤은 아무런 이야기를 하지 않으나, 크세노폰은 《회상》에서 다음 네 가지를 지적한다. 그러나 이 네 가지는 실제 재판에서 문제된 것이 아니라, 재판과 소크라테스 처형 이후에 소크라테스 반대파가 내세운 것으로 짐작된다.

첫 번째 지적은 소크라테스가 나라의 관리를 추첨으로 정하는 것은 어리석기 짝이 없다고 청년들에게 가르침으로써 그들이 기존의 국법을 멸시하는 압제자가 되게 했다는 데 대한 것이다.[172]

이에 대해 크세노폰은 설득과 압제의 차이를 밝히면서 소크라테스는 설득은 했지만 압제를 가르치지는 않았다고 반론한다.[173] 그러나 크세노폰은 그 앞의 논점, 즉 소크라테스가 평등주의적 추첨제와 민주주의를 멸시했다는 점에 대해서는 변론을 하지 않는다. 상식인이라면 그러한 멸시가 민주주의를 전복하려는 기도나 권력욕을 부추겼으리라고 생각할 수밖에 없는데도 말이다.

두 번째 지적은 소크라테스가 과두정치 시대의 탐욕, 압제, 잔인의 거두인 크리티아스와 평민정치 시대의 황음, 오만, 압제의 화신인 알키비아데스에게 크나큰 영향을 미쳤다는 데 대한 것이다.[174]

이에 대해 크세노폰은 그들이 소크라테스의 가르침을 받은 것은 그런 압제자가 되기 전으로, 소크라테스의 가르침을 받던 시절의 그들은 사려 깊은 사람들이었으므로 그들의 행동에 대해 소크라테스는 책임이 없다고 반박한다.[175] 나아가 소크라테스는 압제자로 변한 크리티아스에게 충고를 아끼지 않았는데, 특히 크리티아스가 30인 정권의 수령이었을 때 그의 폭정을 엄중히 비판했으며 이 때문에 두 사람 사이가 험악해졌다고 지적한다.[176] 이어 알키비아데스에 대해 소크라테스와 페리클레스가 나눈 논쟁을 소개한다.[177]

즉 크리티아스와 알키비아데스는 젊어서 소크라테스로부터 벗어났고, 소크라테스를 좋아하지 않았으며, 그를 찾아갈 때마다 자기들의 실책을 문책 당해 불쾌해 했다는 게 크세노폰의 주장이다.[178] 반면에 그는 소크라테스와 최후까지 친교한 크리톤 등은 훌륭한 사람들이었다고 주장한다.[179] 그런데 크리티아스는 플라톤과 사촌지간으로, 플라톤의 대화편에서 소크라테스의 훌륭한 대화상대로 등장해 그 어느 대화에서도 그를 비난하지 않았다. 또한 알키비아데스는 고대 그리스의 동성연애 분위기에서 인기 있었던 자로 소크라테스의 연인이었다는 설도 있다.

알키비아데스는 펠로폰네소스 전쟁에서 가장 과감한 선제공격이었던 시라쿠스 해상공격의 지휘관이었다. 하지만 그는 공격에서 패했고, 아테네로 소환되자 적국 스파르타 진영으로 도망쳤다가 크리티아스에 의해 암살당했다. 이 추악한 사태의 결과가 소크라테스 탓이라고 할 수 없다는 크세노폰의 주장이 어쩌면 옳은지도 모른다. 그러나 그들의 독재가 소크라테스의 독재 옹호론에 근거했다고 볼 여지는 충분히 있다.

세 번째 지적은 소크라테스가 젊은이들에게 부친이나 근친자들을 모독하게 했고, 친구들에게 친절은 무용하다고 가르쳤다는 데 대한 것이다.[180] 이에 대해 크세노폰은 소크라테스는 이치를 모르는 자는 존경받을 가치가 없다고 말한 것에 불과하다고 반박한다.[181]

네 번째 지적은 소크라테스가 시를 곡해하여 사람들에게 악행을 행하게 하고 독재자로 만들었다는 데 대한 것이다.[182] 이에 대해 크세노폰은 소크라테스는 그런 말을 한 사실이 없다고 반박한다.[183] 그러나 소크라테스가 자신의 변론에서 자주 인용한 호메로스의 시에 독재자를 옹호하는 부분이 여러 곳 나오는 것으로 보아, 소크라테스가 실제로 그런 말을 해서 문제가 됐을 수도 있다.

지금까지 살펴본 것처럼 소크라테스의 재판을 논하는 크세노폰의 글은 소크라테스를 고발하는 근거가 된 두 가지 이유에 대해 직접적인 부정을 하는 데 그치고 있다. 이는 크세노폰이 소크라테스는 스스로 죽음을 희망했으므로 어떠한 변론도 무용하다 여겼다고 보았기 때문이다. 이러한 크세노폰의 견해는 뒤에서 살펴보게 될 플라톤의 두 가지 관점과 상당한 차이를 보인다.

플라톤의 두 가지 관점이란 첫째, 고발의 이유가 소크라테스의 철학하기에 대한 오랜 오해와 편견에 근거했다고 보는 것이다. 그리고 둘째, 철학하기를 포기하면 무죄가 된다는 것을 알면서도 이를 거부하고 죽음을 택함으로써 철학의 순교자가 되었다는 것이다.

이러한 차이로 인해 크세노폰은 플라톤에 비해 소크라테스의 철학하기에 대한 이해가 부족해서 소크라테스를 도덕가로, 그의 죽음을 도덕적 교훈을 준 행동으로 보았다고 평가되어 왔다. 그리고 그러한 죽음은 지난 2천 4백 년간 줄곧 인류에게 감명을 준 철학자의 죽음으로 보기에는 뭔가 부족하다는 지적도 받아왔다.

그러나 나는 크세노폰이나 플라톤과 달리, 또 그들을 따르는 어떤 입장과도 달리 소크라테스를 반민주주의자로 본다. 그는 철학의 순교자도 도덕의 순교자도 아니다. 오늘날 우리는 바로 이런 관점에서 그에 대한 재판을 이해해야 한다고 생각한다.

여하튼 우리는 다시 플라톤의 기록을 살펴보고, 그것을 크세노폰의 기록과 비교하면서 생각해 보자.

플라톤의 제1변론

소크라테스가 자신의 재판에서 했던 변론은 제자인 플라톤에 의해 《소크라테스의 변론》이란 긴 책으로 전해진다. 수십 쪽에 이르는 긴 변론이다.

《소크라테스의 변론》은 서론과 세 개의 변론으로 구성된다. 제1변론(17a~35d)은 유무죄 판결 이전에 한 변론으로 전체 변론의 반 이상을 차지하면서 변론의 중심을 형성한다. 제2변론(35e~38d)은 유죄가 확정된 후에 한 변론으로 양형에 대한 반대 제안에 관한 것이다. 제3변론(38c~42a)은 최종 판결 후, 즉 폐정 후의 것이므로 공식적인 변론은 아니다.

제1변론은 다음 세 가지로 구성된다. 첫째는 '최초의 고발인'에 대한 것, 둘째는 '나중의 고발인'[184]에 대한 것, 셋째는 사형에 처해질지언정 철학을 포기하지는 않겠다는 소크라테스의 각오에 대한 것이다.

이 가운데 통상의 재판에서 변론으로 인정될 만한 것은 두 번째 부분뿐이다. 첫 번째 부분은 현실에 존재하지도 않는 고발인에 대한 것이라 변론으로 부적합하고, 세 번째 부분은 고발에 근거해 이루어지는 재판에서는 불필요한 여담이기 때문에 부적합하다. 재판에서 고발 사유가 아닌 것, 특히 자신의 철학에 대해 말하는 경우는 거의 없다. 따라서 오늘날의 일반적인 재판에서라면 첫째와 셋째 부분 같은 변론은 애초에 제지되거나 무시될 것임에 틀림없다. 특히 우리나라의 경우처럼 속전속결 재판에서는 더더욱 용납되기 어려우리라. 그럼에도 불구하고 그것을 용납한 2천 4백여 년 전의 그리스 재판이 부럽다. 그것도 우리처럼 몇 년이 걸리는 것이 아니라 하루 만에 끝내야 하는 재판에서.

플라톤이 기록한 그 변론의 처음은 다음과 같다.

아테네인 여러분! 여러분께서 저의 고발인들로 말미암아 어떤 느낌의 상태에 있게 되셨는지 저는 알지 못합니다. 그야 어쨌든, 저는 이들로 해서 제가 누구인지를 저 자신조차 하마터면 잊어버릴 뻔했는데, 이토록 이들은 설득력 있게 말했습니다. 하지만 이들은 진실이라고는 거의 한 마디도 말하지 않았습니다. 그런데 이들이 한 많은 거짓말 가운데서도 제가 제일 놀란 것이 하나 있는데, 그건 제가 언변에 능숙하니까 저한테 속아 넘어가지 않도록 여러분들께서는 조심하셔야만 한다고 한 것입니다.[185]

여기서 '아테네인 여러분!' 이라는 호칭은 재판관(배심원)을 지칭한 것이다. 뒤에 그는 자신에게 무죄 판결을 한 재판관들에게 한 마지막 변론에서 비로소 '재판관 여러분' 이라는 호칭을 쓰는데,[186] 이는 소크라테스가 자신을 무죄라고 생각한 재판관들만이 재판관으로서의 자격이 있다고 여기고 그렇게 호칭을 구분해 사용한 것이다.

최초의 고발인들에 대한 반론

소크라테스는 자신을 고발한 자에게 직접 반론을 하기에 앞서 먼저 '최초의 고발인들'을 대상으로 변론을 했다. 그 최초의 고발인들의 중상과 편견이 자신을 법정에 서게 한 실제 고발을 야기했다고 생각했기 때문이다.[187] 그런데 소크라테스는 희극작가 단 한 사람을 빼고는 나머지 고발인들이 누구인지 전혀 알지 못했다. 그 희극작가는 아리스토파네스이고, 그의 작품《구름》이 고발장에 다름 아니었다는 해석이 흔하다. 하지만 당시 그리스에는 많은 희극작가가 있었기 때문에 아리스토파네스가 아닌 다른 작가가 최초의 고발인이었을 수도 있다.

최초의 고발장의 내용은 소크라테스가 "죄를 지었으며 주제넘은 짓을 하고 있으니, 그건 땅 밑과 하늘에 있는 것들을 탐구하는가 하면, 한결 약한(못한) 주장을 더 강한(나은) 주장으로 만들며, 또한 이것들을 남들에게 가르치고 있다"[188]는 것이었다. 소크라테스는 이 혐의를 일체 부정하고, 자기는 그런 소피스테스식의 인간교육에는 전혀 관여하지 않았다고 반론한다. 그런가 하면 소피스테스가 '초인간적인 지혜'를 가진 데 비해 자기는 '인간적인 지혜' 밖에 갖지 못했다고 하면서도, 자신이 '아는 자'라는 평판을 얻었음은 사실이고 그것이 델피의 신탁에서 비롯됐다고 한다.[189]

소크라테스는 자신에 대한 중상이 바로 그 '지혜' 때문이라면서 델피의 신을 증인으로 내세운다. 델피 신전의 무녀(피티아)가 소크라테스보다 현명한 사람은 없다고 말했다는 것이다.

신탁을 들은 후 소크라테스는 여느 사람들보다 조금도 지혜로울 게 없는 자신을 가장 현명하다고 한 신의 말에 의문을 가지고, 그 뜻을 헤아리기 위해 자타가 공인하는 현인들을 찾아다니기 시작했다고 한다. 그러나 그들과 대화를 나누면서 그들이 실은 전혀 현명하지 않다는 것과 오히려 본래의 무지를 자각하고 있는 자신이 더 우월하다는 것을 깨달았고, 그 과정에서 많은 적이 생겼다고 주장한다.

소크라테스가 맨 처음 찾아간 현인은 정치가였다. 대화 초반부터 그 정치가에게 실망을 느낀 소크라테스는 그의 무지를 깨우쳐주려 노력하지만 실패하고 미움만 샀다고 한다. 여기서 말하는 정치가는 바로 고발의 주모자 아니토스이다.[190] 아니토스와의 대화는 플라톤의 《메논》에 나오는데, 거기에는 특히 페리클레스 등의 자녀교육에 대한 비판이 나온다.[191] 정치가와의 만남 이후에도 소크라테스는 차례로 시인들과 장인들을 찾아갔지만 결과는 마찬가지였다고 말한다. 그리고 신탁의 의미는 "누구든 소크라테스처럼, 지혜와 관련해서는 자신이 진실로 전혀 보잘것없다는 사실을 깨달은 자가 가장 지혜로운 자"[192]라는 것이었다고 결론짓는다.

이처럼 소크라테스는 희극작가들 때문에 자기가 고발됐다고 주장한다. 그러나 소크라테스의 이런 상상에도 불구하고 실제로 고대 그리스에서 희극작가의 작품에 올랐다는 이유로 처형당한 사람은 한 사람도 없었다. 당시 희극작가들은 현대의 어떤 정치 풍자가보다 더 심한 풍자를 했다. 소크라테스는 그들의 수많은 풍자 대상 중 하나였을 뿐이다. 만일 그들의 풍자로 인해 소크라테스가 처형된 것이라면 당시 그리스에서 처형당하지 않을 사람이 없었을 것이다.

무신론이나 신에 대한 풍자도 마찬가지다. 신학이라는 용어도 플라톤의 《국가》에서 비로소 국가적인 차원으로 등장한다. 그러므로 설사 소크라테스가 무신론자였다 해도 그것은 플라톤의 이상국가에서라면 그를 처벌할 이유가 될 수 있겠지만 실제의 그리스에서는 전혀 문제될 게 없었다. 따라서 플라톤이 최초의 고발인에 대해 말하는 내용은 전혀 근거가 없다. 뒤에 '새로운 고발인'의 고발에서도 비슷한 논의가 나오지만 역시 근거가 없다. 왜 플라톤은 이렇게 근거없는 고발의 내용을 만들어냈을까? 소크라테스의 고발이 정치적인 것임을 호도하기 위한 술책이 아니었을까?

재판에서 소크라테스는 자기 제자들 중에는 반민주주의자만 있는 게 아니라 민주주의자도 있다고 주장한다. 바로 델피의 신탁을 들었다는 카이레폰이 그가 말하는 민주주의자다. 소크라테스는 "이 사람은 젊었을 때부터 저의 동지이기도 했지만, 대충 여러분의 동지이기도 했거니와 저번의 추방도 함께 당했다가 여러분과 함께 돌아왔죠"라며 앞서 말한 델피의 신탁 이야기를 한다.[193]

이 부분의 변론은 배심원들에게 도리어 역효과를 낸 것으로 평가된다. 왜냐하면 독재에 저항하다 추방당한 이들과 달리 소크라테스 자신은 과두정치하의 아테네에 머물렀던 비민주주의자라는 점을 도리어 부각시키는 결과를 초래했기 때문이다.

그러나 민주정의 회복과 함께 공표된 대사면 협약으로 인해 소크라테스가 과두정 시기에 아테네에 있었다는 점과 당시에 그가 한 말이나 행동은 문제시될 수 없었다. 만일 고발자가 그런 것을 고발의 내용으로 삼았다면 플라톤이나 크세노폰은 분명히 대사면 협약을 이유로 고발의 부당함을 주장했을 것이다. 따라서 고발장에서 지적된 혐의점은 민주정 회복 이후 4년간 소크라테스가 했던 행동에 관한 것이었던 게 틀림없다.

청년들을 타락시킨 죄와 불경죄에 대한 변론
플라톤은 소크라테스가 청년들을 타락시킨 죄에 대한 변론부터 시작했다고 기록한다.[194] 변론은 두 부분으로 나뉜다.

먼저 전반부[195]에서 소크라테스는 자신이 청년들을 타락시켰다고 주장하는 멜레토스에게 "누가 그들을 더 훌륭하게 만드나요?"[196]라고 물어 그를 궁지에 빠뜨렸다. 이에 대해 멜레토스는 소크라테스를 제외한 모든 아테네인들이 청년들을 더욱 선한 인간으로 만들었다고 주장했다.[197] 그러자 소크라테스는 자신만이 청년들을 타락시키고 자신을 제외한 다른 모든 사람들이 청년들을 선하게 했다면 그것은 결과적으로 청년들에게 복된 일이지

해악이 되는 일은 아니라고 반박한다.[198] 그러나 여기서 소크라테스가 자신이 청년들을 타락시키지 않았다는 사실을 증명한 것은 아니다.

후반부[199]에서 소크라테스는 자신이 청년들에게 해를 끼침으로써 악한 사람들이 늘어난다면 종국에는 자신도 해를 입게 될 것인데 그것을 알면서도 자신이 고의로 청년들에게 해를 끼칠 리가 있겠냐고 반문한다. 그러나 고의가 아니라고 해도 타인에게 해를 끼쳤다면 처벌을 받을 수 있다는 점에 대한 변론은 없다. 소크라테스 자신은 사람들을 위해 가르쳤다고 주장해도 세상 사람들이 그것을 유해하다고 생각하면 고발할 수 있는 것이므로 소크라테스의 변론은 결코 충분하다고 할 수 없다.

물론 이 변론에서 소크라테스는 고발자인 멜레토스가 고발 원인에 대해 무관심하고 무능하여 신용할 수 없음을 네 차례에 걸쳐 명백하게 밝히고는 있다. 즉 고발자와 고발의 신용과 신빙성을 부정함으로써 청년들을 타락시킨 죄를 부정한 것이다.

멜레토스는 소크라테스가 자신을 상대로 직접 반론을 펴자 그를 무신론자라고 공격했다.[200] 소크라테스는 자연철학자이기 때문에 무신론을 주장했다는 것이다. '자연철학자 = 무신론자'로 묘사된 소크라테스는 아리스토파네스의 《구름》에도 등장한다. 그러나 플라톤은 소크라테스가 젊은 시절에는 그런 측면을 지녔지만[201] 인생의 후반, 특히 만년에는 자연연구를 완전히 포기했다고 말한다.[202] 그렇다면 재판 시점에 소크라테스를 '자연학자 =

무신론'의 입장으로 고발한 것은 편견과 오해에 불과한 것이었다는 얘기가 된다.

소크라테스는 멜레토스에게 나라가 인정하는 신을 믿지 않았다는 이유로 자기를 고발한 것인지, 아니면 신을 아예 믿지 않는다는 이유로 자기를 고발한 것인지 묻는다.[203] 그러자 멜레토스는 소크라테스가 신을 전혀 믿지 않는다고 하면서 그가 해나 달의 신성을 부인하고 해를 돌이라고 말하는가 하면 달은 흙이라고 말했다고[204] 공격한다. 이에 소크라테스는 그건 자기가 아니라 아낙사고라스가 한 행동이라고 하면서 아낙사고라스를 고발하라고 빈정댄다.[205]

사실 멜레토스의 답변은 소크라테스가 다른 귀신을 믿는다고 한 고발장의 내용과 다르므로 모순이다. 멜레토스가 실제로 한 말을 플라톤이 그대로 기록한 것인지, 아니면 플라톤이 멜레토스를 어리석은 인물로 그리기 위해 꾸며낸 내용인지에 대해서는 논쟁이 있다. 여하튼 소크라테스로서는 멜레토스가 아주 방자하고 무절제한 사람이며, 자기를 기소할 만한 죄목을 찾기 어려워지자 엉터리 불경죄를 뒤집어씌운 것임을 폭로하는 데 성공한 셈이다.

하지만 이것으로 소크라테스가 불경죄에 대한 변론에 완전히 성공했다고 볼 수도 없다. 나라의 신을 믿는다는 점을 증명해내지 못했기 때문이다. 즉 그는 나라의 신을 믿는다는 것을 결코 인정하지 않았고, 나라의 신이 아닌 다른 신을 믿는다는 점을 부정하지도 않았다.

무엇보다도 당시에, 신전이나 성물을 파괴한 게 아니라 단지 무신론적 사상을 가졌다고 해서 그 사람을 불경죄로 처벌하는 법이 구체적으로 존재했는지부터가 의문이다. 아낙사고라스를 처벌할 때도 '신을 인정하지 않는 자나 신을 인정하지 않도록 가르치는 자'를 처벌한다는 특별한 결의가 필요했던 점에 비추어도 그런 의심이 든다. 아낙사고라스를 처벌하기 위한 특별 결의는 기원전 403~402년에 무효가 됐다. 그래서 그것을 소크라테스에게 적용할 수는 없었다.

소크라테스가 불경죄에 해당되느냐 안 되느냐는 결국 법정의 배심원들이 결정할 문제였다. 불경죄는 당시에 정치적으로 이용될 가능성이 있었다. 사실 아낙사고라스가 고발당한 것도 페리클레스의 측근으로 중용된 그를 실각시키기 위한 반대파의 책략 때문이었다. 또한 소크라테스 당시의 소피스테스인 프로타고라스나 밀로스 섬의 디아고라스도 펠로폰네소스 전쟁으로 인한 엄격한 전시체제에서 그들의 불가지론 또는 무신론이 혹세무민한다 하여 불경죄로 고발됐다. 알렉산더의 스승으로 마케도니아와 친밀했던 아리스토텔레스는 알렉산더가 죽은 뒤 반마케도니아 정서를 지닌 아테네 시민들에 의해 불경죄로 고발됐다.

소크라테스는 자신이 두 가지 고발 이유에 대해 충분히 변론했으므로 틀림없이 무죄 판결을 받으리라고 확신한 듯하다.[206] 그러나 이 부분의 변론은《소크라테스의 변론》전체의 약 6분의

1에 해당하고, 앞서 했던 최초의 고발인에 대한 변론에 비하면 3분의 2에 해당하는 분량으로 매우 짧다. 소크라테스로서는 매우 간단하게 변론한 셈이다.

이 변론에 대해 배심원들이 충분히 납득했다고 보기는 어렵다. 고발자인 밀레토스도 소크라테스에 의해 심한 논박을 당했지만 특별하게 충격을 받은 것 같지는 않다. 그런 탓인지 소크라테스는 다시금 자신에게 쏟아진 최초의 고발자의 비방과 시기를 지적하고 앞으로도 이런 일이 있을 것이라고 예언하면서[207] 자신의 철학활동에 대한 변론으로 나아간다.

살기 위해 철학을 포기하지는 않겠다

소크라테스는 죽음에 처해서도 "자신이 올바른 것들을 행하는지 아니면 올바르지 못한 것들을 행하는지, 그리고 자신이 훌륭한 사람의 행위를 하는지 아니면 못난 자의 행위를 하는지, 오로지 그것에 대해서만 유의"한다고 주장하며 아킬레우스를 예로 든다.[208] 그리고 자신이 세 차례 전투에 참여했음을 말하며, 죽음을 두려워해 신이 부여한 자신의 철학활동을 포기하는 것은 '무지'라고 말한다.[209] 나아가 무죄 판결을 받기 위해 철학활동을 포기하겠다고 할 수는 없다고 말한다.[210]

소크라테스는 자신의 철학활동에 대해 "자신들의 혼이 최선의 상태가 되도록 혼에 대해서 마음을 쓰는 것에 앞서, 또는 그만큼 열성적으로 몸에 대해서도 재물에 대해서도 마음 쓰는 일이 없도록 설득하는 일"[211]이라고 설명한다.

그리고 나서 자랑스럽게 자기를 아테네의 양심에 비유하며 자기를 죽이는 것은 아테네에 엄청난 손해를 입히는 행위라고 말한다. 참으로 교만한 발언이다. 만약 지금 어떤 사람이 우리 사회의 양심을 자처하며 자신을 잃는 것은 곧 한국의 큰 손실을 의미한다고 말한다면, 나는 그가 설령 정말로 훌륭한 지식인이라 할지라도 그를 우습게 여기게 되거나 신뢰하지 못하게 될 것 같다.

소크라테스는 설명을 계속한다.

지금 제가 변론을 하고 있는 것은, 누구나 생각하겠듯이, 결코 제 자신을 위해서가 아니라 바로 여러분을 위해서입니다. 즉 여러분께서 제게 유죄 판결을 내림으로써 여러분을 위한 신의 선물과 관련해서 무엇인가 잘못을 저지르는 일이 없었으면 해서입니다. 왜냐하면 만일 여러분께서 저를 사형에 처하신다면, 여러분께서는 또 다른 한 사람의 이런 사람을 쉽게 찾아내지는 못할 것이기 때문입니다. 다소 우습기까지 한 표현으로 말한다면, 마치 덩치가 크고 혈통이 좋긴 하나, 덩치 때문에 굼뜬 편이어서 일종의 등에에 의한 자극을 받을 필요가 있는 말처럼, 영락없이 (그런 꼴인) 이 나라에 신에 의해서 붙어 있게 된 이런 사람을 말씀입니다.[212]

이는 재판관들에게 정말 방자한 발언으로 들렸을 것임에 틀림없다. '덩치가 크고 혈통이 좋긴 하나, 덩치 때문에 굼뜬 말'이란 아테네를 가리킨다. 자신은 그런 아테네를 위한 '신의 선물'이니 처형해서는 안 된다는 주장을 소크라테스는 하고 있는 것이다.

등에란 파리보다 조금 크고 온몸에 털이 많으며 말이나 소에 붙어 피를 빨아먹는 곤충이다. 피를 빨아먹는다는 점에서 반드시 긍정적인 비유는 아니나, 지금도 비판적인 언론인을 형용하는 데 등에라는 말이 자주 사용된다. 즉 소크라테스는 자신을 비판적인 언론인이라고 자부한 것이다.

무당 소크라테스

비판적인 언론인이라면 나라에 대한 조언은 언제나 공적으로 해야 한다. 그러나 소크라테스는 나라에 대한 조언을 공적으로 하지 않았다. 그는 그 사실을 인정하면서, 자신이 그럴 수밖에 없었던 몇 가지 이유를 들었다.

우선 소크라테스는 자신이 기소당한 이유 중 하나인 '일종의 신적이며 영적인 것과의 소통'에 대해 설명한다.

제게는 이것이 소싯적에 시작된 것이며, 일종의 소리로서 나타나는 것인데, 이것이 나타날 때는, 언제나 제게 하려고 하는 일을 하지 말도록 말리지, 결코 적극적인 권유를 하는 일은 없습니다. 이것이 제가 정치하는 걸 반대한 것이며, 그게 반대한 것은 어쨌든 아주 잘한

일로 제게는 생각됩니다.[213]

즉 신적이자 영적인 존재가 어릴 적부터 자기 앞에 나타나 정치를 하지 말라고 했기 때문에 공적으로 나라에 조언하지 않았다는 것이다. 나는 이 말을, 소크라테스가 어렸을 적에 소위 신내림을 받아 귀신을 모시게 되었는데 그 귀신이 정치를 하지 못하게 했기 때문에 안 했다는 말로밖에 이해할 수 없다.

소크라테스가 말하는 신적이자 영적인 존재가 양심을 가리킨다는 주장과 그렇지 않다는 주장이 엇갈린다. 그렇지 않다는 주장을 한 사람으로 고트프리트 마르틴을 들 수 있다. 《소크라테스 평전》에서 마르틴은 소크라테스가 말하는 신적이자 영적인 존재를 "아주 사소한 경우에만 나타나는 하찮은 것"이라고 보았다. 때문에 그것은 중대한 도덕상의 문제와는 무관한 존재이며, 무엇보다도 중대한 도덕상의 문제에 관한 한 소크라테스는 통찰과 신념만을 중요하게 여겼다고 주장했다. 그러나 이는 소크라테스가 자신의 재판에서 신적이자 영적인 존재를 가리켜 "아주 사소한 일들의 경우에 있어서조차도 반대를 하고 나서는 것"[214]이라 한 말을 곡해한 것이다. 이러한 터무니없는 해석은 소크라테스에게서 느껴지는 무당의 이미지를 부정하고 그가 철저한 이성에 입각해 행동하는 사람이라고 주장하기[215] 위한 억지에 불과하다. 이는 소크라테스를 현대적 이성주의자로 만들기 위한 눈물겨운 노력이기는 하나, 적어도 위 문장에서는 그렇다고 말할 수 있는 근거를 찾을 수가 없다.

다시 재판으로 돌아가 소크라테스의 변론을 들어보자. 그는 자신이 정치에 참여하지 않은 이유를 하나 더 든다.

여러분한테든 또는 어떤 대중한테든 진정으로 맞서서 많은 올바르지 못한 일들이나 법에 어긋나는 일들이 나라에서 일어나는 것을 막으려 들고서도 무사한 사람은 아무도 없으며, 올바른 것을 위해 정말로 싸우려는 사람은, 그리고도 그가 잠깐이나마 살아남으려면, 그는 반드시 사인으로 지내되 공인으로 지내질 않아야 되니까요.[216]

즉, 소크라테스는 죽지 않기 위해서 공적인 일에 관여하지 않았다는 지극히 비겁한 말을 하고 있는 것이다. 이 말은 앞서 한 자신의 변론을 순식간에 뒤엎어버리는 커다란 모순이다. 아테네의 비판적 언론인인 자기를 죽이는 것은 아테네에 엄청난 손실을 입히는 행위라고 말한 직후에, 죽음이 두려워 아테네를 위해 공적인 비판을 하지 않았다고 하는 게 말이 되는가. 게다가 올바르지 못한 일들과 법에 어긋나는 일들을 일삼는 아테네와 아테네인들에게 맞섰다간 죽음을 면치 못할 것이라는 내용을 담고 있는 이 말은 아테네와 아테네인들에 대한 엄청난 모독이다.

나아가 이 말은 그리스 민주주의 기본정신에 대한 도전이자 모독이기도 하다. 앞에서도 누차 설명했듯이 그리스는 불의의 정책을 막기 위한 수단으로 민회에서 자유롭게 발언할 수 있는 권리와 투표할 수 있는 권리를 모든 시민에게 부여했다. 시민이 그러한 권리를 행사하지 않는다면 그런 장치는 아무런 소용이 없다. 그런데 소크라테스는 시민의 권리를 부정했다.

나는 누구의 선생이 된 적이 없다

소크라테스는 자신이 "그 누구에게도 올바른 것에 어긋나는 것은 결코 동의해 준 적이 없는 사람"[217]이라고 주장했다. 또 여기서 말하는 '누구'에는 고발자들이 말하는 자신의 나쁜 제자들도 포함된다고 하면서도, 한편으로는 "하지만 저는 누구의 선생이 되어 본 적이 없습니다"[218]라고 말하며 그들에 대한 책임에서 벗어나고자 했다.

소크라테스가 선생임을 부정했음은 앞에서도 보았다. 그러나 나쁜 제자들을 양성했다는 혐의에서 벗어나기 위해 스스로 선생임을 부정하는 행위는 비겁하다고 하지 않을 수 없다. 자신은 소피스테스들처럼 돈을 받고 가르침을 베푼 게 아니니 선생이 아니라는 그의 논지는 초라하기 그지없다. 그는 평생 수많은 젊은 이들과 대화를 하면서 그들에게 진실을 가르쳐왔다고 자부하지 않았는가? 그것이 선생이 아니고 무엇인가?

이어 자신이 배심원에게 자비를 구하거나 무죄 투표수를 늘리기 위해 가족들을 동원하지 않는 것은 그런 행동이 자신뿐 아니라 국가에도 치욕이 되기 때문이라고 설명하지만 이 역시 변명에 불과하다. 소크라테스는 다음과 같이 제1변론을 끝낸다.

아테네인 여러분! 저 또한 신들을 믿고 있으니까요. 저의 고소인들 중의 아무도 미치지 못할 정도로 말입니다. 그러니 저를 위해서도 여러분을 위해서도 가장 좋은 방향으로 저에 대한 판결을 내려주시도록 여러분과 신께 맡깁니다.[219]

플라톤의 제2변론: 양형에 대한 반대제안

제2변론은 유죄냐 무죄냐를 가리는 1차 투표 결과에 대한 소감으로 시작됐다. 1차 투표에서 소크라테스는 유죄 281표(또는 280표), 무죄 220표로 유죄 판결을 받았다. 만약 유죄 표 가운데 30표만 무죄 표로 옮아갔더라면, 가부동수일 때는 피고에게 유리하게 판결한다는 원칙에 의해 소크라테스는 무죄가 되었을 것이다. 이 점에 대해 소크라테스는 놀라워했다.[220]

자신의 예상보다 표 차이가 근소하게 난 데 고무된 소크라테스는 비록 유죄 판결이 났지만 조금도 언짢지 않으며, 오히려 멜레토스의 고소와 관련해서는 자신이 무죄 판결을 받은 것과 같다며 기뻐했다. 즉, 1차 투표에서 유죄 판결이 나온 것은 아니토스와 리콘의 고발 내용에 대해서지 멜레토스의 고발과는 무관하다는 것이다. 나아가 그는 만약 아니토스와 리콘의 고발이 없었다면 멜레토스는 총투표수의 5분의 1을 얻지 못해 벌금형에 처해졌을 것이라고 주장했다.[221]

양형의 순간에 고발자는 사형을 신청했다. 소크라테스는 형량에 대해 변론할 기회가 주어지자 자신은 형벌 대신 상을 받아야 할 사람이라고 주장함으로써 또다시 배심원들을 자극했다. 그가 말한 상이란 '영빈관에서의 식사 대접'이었다.[222] 영빈관은 당시 아테네의 민회 건물을 뜻했는데, 그곳에서는 관례에 따라 가장 영예로운 민주시민들에게 식사를 대접하는 행사가 이루어졌다. 따라서 영빈관에서 식사 대접을 받아야 한다는 소크라테스의 발언은 자신이 국가에 최대의 선을 베푼 사람임을 국가적으로 인정하라고 요구하는 오만방자한 행동이었다. 그리고 이 행동은 의도적이었든 의도적이지 않았든 배심원들의 분노를 불러일으켜 최종 판결에서 사형을 확정하게 만드는 결정적인 이유가 됐다.

배심원들이 자신에게 추방형을 내리려 한다고 짐작한 소크라테스는 다른 나라 사람들 역시 자신을 받아들이지 못할 것이고, 그렇게 되면 자신은 결국 방랑하게 될 것이므로 자신에게 추방형은 맞지 않다고 말했다.[223] 그러면서 친구들의 권유를 핑계삼아 벌금형을 제안했다. 처음에 그는 벌금액으로 은화 1므나를 제시했으나 뒤에 플라톤 등의 제의에 따라 벌금액을 30므나로 높여 제안했다.[224] 당시 1므나는 1백 드라크메였고, 1드라크메는 숙련공의 하루 임금이었으니 1므나는 3개월 10일분의 임금에 해당되는 액수였다. 지금 우리 돈으로 환산하기는 몹시 어려우나 숙련공의 월급을 약 3백만 원으로 본다면 1므나는 1천만 원, 30므나는 3억 원에 해당되는 거액이다. 따라서 처음부터 30므나를 제안했더라면 배심원들이 어느 정도 납득했을지도 모른다. 하지만 소크라테스는 처음에는 1므나라고 했다가 30므나로 말을 바꾸었고, 배심원들은 그러한 행동이 자신들을 비웃는 행동이라 느꼈을 것이다.

그 밖에도 소크라테스는 만일 재판이 하루 만에 끝나지 않고 여러 날에 걸쳐 이루어졌다면 배심원들이 그의 무죄를 확신했으리라고 말함으로써 재판에 대한 불신을 드러냈다.[225]

2차 투표의 결과는 사형이었다. 어떤 기록에 의하면 표결은 360 대 140으로 1차 투표 때보다 소크라테스에게 더욱 가혹했다. 결국 소크라테스는 2차 투표에 앞서 한 변론에서 오만하고 뻔뻔하기 이를 데 없는 발언으로 배심원들의 분노를 삼으로써 사형을 자초한 것이다.

플라톤의 제3변론: 판결에 대한 불만

사형 판결 후 행해진 제3변론은 소크라테스가 실제로 했던 것인지, 플라톤에 의해 창작된 것인지 명확하지 않다. 제3변론은 두 부분으로 나뉜다. 하나는 사형에 투표한 쪽에게 한 진술이고 다른 하나는 무죄[226]에 투표한 쪽에게 한 진술이다.

먼저 유죄와 사형에 투표한 사람들을 향해 소크라테스는 "별로 길지도 않은 시간을 벌기 위해서 여러분이 소크라테스를, 즉 현자를 사형에 처했다고 하는 악명과 비난을"[227] 듣게 될 것이라고 단언한다. 그리고 자신이 패소한 것은 "말이 부족해서가 아니라 뻔뻔스러움과 몰염치가 부족해서이며, 또한 여러분이 듣기에 가장 기분 좋을 그런 것들을 여러분한테 말하고 싶어 하는 열의가 부족해서"[228]이며, 자신을 죽음으로 내몬 처벌보다 "훨씬 더 가혹한 처벌이 여러분한테 닥칠 것"[229]이라고 말한다. 이 부분은 변론이라기보다는 양형이 사형으로 확정된 데 대한 책망과 불만의 토로에 다름 아니다.

다음으로 소크라테스는 자신에게 무죄 표를 던진 사람들을 향해 진술하면서 처음으로 '재판관'이라는 호칭을 사용한다.[230] 그전까지 줄곧 '아테네인 여러분' 또는 '여러분'이라는 호칭을 사용했던 것과는 사뭇 대조적이다. 이는 그가 자신을 무죄로 여긴 이만을 진정한 재판관으로 인정했음을 말해주는 대목이다. 그는 자신이 인정한 재판관들에게 귀신(영적인 것)이 자신이 변론하는 데 대해 전혀 반대하지 않았는데, 그 이유는 죽음이 흔히 생각하듯 나쁜 것만은 아니기 때문이라고 말한다.[231] 귀신이 소크라테스의 변론을 반대했다고 적은 크세노폰의 기록과는 차이가 있는 내용이다. 연이어 얼마간 죽음의 행복론을 편 소크라테스는 이후의 일은 신만이 알 것이라는 말을 끝으로 변론을 마친다.

"이제 떠나야 할 시간이 되었습니다. 우리는 제각기 자기의 길을 갑시다. 나는 죽기 위해, 여러분은 살기 위해. 어느 쪽에 더 좋은 운명이 기다리고 있을지는 오직 신만이 알 뿐입니다."

5장 | 소크라테스의 죽음

탈옥을 거부하다

사형이 확정되면 바로 다음 날 사형이 집행되는 게 보통이었다. 하지만 소크라테스의 형 집행은 우연한 사정으로 인해 연기됐다. 아테네인은 4년에 한 번 델로스 섬에서 아폴론 축제를 벌였는데, 행사를 위해 배가 아테네를 출발하는 날부터 행사를 끝낸 축제사절단이 델로스에서 돌아오는 날까지 일체의 사형 집행이 금지되고 있었다. 소크라테스의 사형 집행일이 때마침 이 축제 기간 중이었던 것이다. 이런 사정에 의해 소크라테스는 약 한 달간 감옥에 갇혀있게 됐다. 감옥에 있는 동안 소크라테스는 오랜 친구인 크리톤을 비롯한 많은 이들에게 탈출을 권유받았다.

《크리톤》은 처형 전날 크리톤이 마지막으로 소크라테스를 찾아가 탈옥을 권유하는 내용이다. 소크라테스가 탈옥을 거부하자 크리톤은 어린 자식들을 생각해보라며 간청한다. 크리톤은 애당

초 재판을 피할 수도 있었다며 안타까워하는데, 아마 재판 전 망명을 생각했던 듯하다. 크리톤은 법정에서 소크라테스가 법정에서 취한 변론은 스스로를 구하기 위한 변론이 아니라 재판관과 아테네인들의 반감을 불러일으키는 변론이었다는 점을 비판하면서, 탈옥까지 거부한다면 정말 "고약하고도 창피스러운 일"[232]이 될 것이라고 말한다.

소크라테스에게 탈옥을 권하면서 크리톤이 내세운 근거 가운데 하나는 '세상의 평판'이다. 그러니까 자기 정도의 거부면 돈을 써서 친구를 구할 수 있는데, 돈이 아까워 친구를 죽게 내버려 뒀다고 사람들이 생각할까봐 두렵다는 것이다. 이에 소크라테스가 사람들의 의견에 구애될 필요가 없다고 답하자, 크리톤은 이번 재판으로 인해 많은 사람들로부터 나쁜 평판을 얻을 경우 종국에는 파국적 결말(사형)에 이를 수도 있음을 알게 됐으니 세상의 평판을 무시해서는 안 된다고 답한다. 그러나 소크라테스는 대중은 인간을 현명하게도 어리석게도 만들 수 없는 존재라며 크리톤의 말을 일축한다. 여기서 우리는 대중을 무시하는 소크라테스의 태도를 또 한 번 엿볼 수 있다.

소크라테스는 크리톤의 끈질긴 탈출 권유를 뿌리치며, 자신은 "추론해 보고서 내게 가장 좋은 것으로 판단되는 원칙(logos) 이외에는 그 어떤 것에도 따르지 않는 사람"[233]이라고 말한다. 그리고 그 원칙에 근거하여 '세상의 평판'이 아니라 '전문가의 의견'을 존중해야 한다고 주장한다. 계속해서 소크라테스는 "가장 중히 여겨야 할 것은 사는 것이 아니라 훌륭하게 사는 것"이고 "'훌륭하게'는 '아름답게' 및 '올바르게'와 동일"[234]하다는 논증을 편다. 그리고 탈옥은 훌륭하게 사는 것에 어긋나는 행동이므로 탈옥할 수 없다는 결론을 이끌어낸다.

보복은 정의롭지 못하다?

크리톤과의 대화에서 소크라테스는 세 가지 정의의 원칙을 제시한다.

첫째, 어떤 식으로든 고의로 올바르지 못한 짓을 해서는 안 된다.[235] 둘째, 올바르지 못한 일을 당했다고 해서 올바르지 못한 일로 앙갚음을 해서는 안 된다.[236] 셋째, 누군가와 합의한 것이 올바른 것일 때는 그 합의사항을 반드시 이행해야 한다.[237]

첫 번째 원칙에 대해서는 동서고금 누구도 이의를 달 수 없으리라. 그러나 두 번째 원칙에 대해서는 이의를 달 수 있다. 이 원칙은 보복을 부정하는 것으로서 도덕의 혁신이라고도 평가되고 있다. 그러나 생각해보자. 모든 보복을 부정한다는 원칙은 자칫 올바르지 못한 일을 계속 허용하는 논리로 악용될 수도 있다. 만일 보복부정론에 근거해 범죄자를 처벌할 수 없게 된다면 이 사회는 어떻게 될까?

요약하면, 소크라테스가 주장하는 정의의 3원칙은 올바른 일을 해야 하고, 악을 악으로 갚아서는 안 되며, 올바른 합의는 지켜야 한다는 것이다. 소크라테스는 이 원칙들을 자신의 경우에 적용시켜 탈옥 거부의사를 더욱 분명히 했다. 무엇보다 올바른 일이 아니기에 탈옥을 할 수 없고, 잘못된 판결로 사형에 처해졌다 해도 그것에 불복해 탈옥하는 것은 잘못된 행위에 잘못된 행위로 대응하는 것이므로 옳지 않으며, 합의된 판결을 이행하지 않고 탈옥하는 것은 합의를 기만하는 행동이므로 역시 부당하다는 것이다.

이러한 원칙에 의하면 장발장이나 파피용의 탈옥을 비롯한 모든 탈옥은 옳지 못한 행위다. 적어도 소크라테스나 플라톤의 정의관에 따르면 탈옥을 다룬 모든 영화는 정의롭지 못하다. 그곳이 나치의 수용소든 어디든 매한가지다. 뿐만 아니라 불의에 대한 모든 저항도 옳지 못한 일이 된다. 그렇다면 소크라테스의 원칙은 결국 불의의 원칙이 될 수도 있는 것이다.

국가와 법으로부터 도피하는 것도 정의롭지 못하다?

소크라테스는 국가와 법을 가공의 대화상대로 내세운 가상의 문답을 통해 정의의 원칙들에 대한 논증을 더욱 공고히 한다. 먼저 재판 결과를 받아들이지 않고 감옥에서 도망하려는 소크라테스에게 국가와 법이 던지는 물음을 들여다보자.

그대는 그대가 하려는 이 일로써 우리 법률과 온 나라를, 그대와 관련되는 한, 망쳐놓으려는 생각을 하고 있는 게 아니겠나? 혹시 그대가 생각하기엔 이런 나라, 즉 나라에서 일단 내려진 판결들이 아무런 힘도 쓰지 못하고 개인들에 의해 무효화되고 손상되었는데도, 그런 나라가 전복되지 않고서 여전히 존속할 수 있을 것 같은가?[238]

이에 대해 소크라테스는 자신이 탈옥하려는 것은 국가가 자신에게 해를 입혔으며 재판의 판결 역시 잘못된 것이기 때문이라고 반박한다. 그러자 국가와 법은 소크라테스에게 나라가 내리는 판결에 따르는 것은 합의된 사항이 아니었냐고 다시 묻고는 다음 두 가지 논거를 제시한다.

첫째, 국가와 시민의 관계는 부모와 자녀의 관계 혹은 주인과 노예의 관계 이상이므로 시민은 국가에 저항할 수 없다.

둘째, 시민이 한 나라에 살며 그곳을 떠나지 않는 것은 그 나라의 법에 따르겠다는 합의를 한 것과 같다.

첫 번째 논거와 관련한 국가의 주장은 이렇다. 국가의 법 아래에서 남자와 여자가 부부가 되고, 그들 사이에서 한 사람이 탄생하고, 교육되고, 양육된다. 그러므로 그 사람은 곧 국가의 자식이다. 따라서 개인은 국가와 동등할 수 없으며, 어떤 안에 대해 국가를 납득시킬 수 없다면 무조건 복종해야만 한다는 것이다.

조국이 무엇인가를 묵묵히 치르도록 지시하면 치러야 한다는 것을,

두들겨 맞거나 투옥되거나 하는 것도, 싸움터로 이끌고 가서 부상당하거나 전사하게 하더라도, 이는 해야만 한다는 걸, 그리고 또 올바른 것은 이런 것이라는 걸 말이야. 또한 굴복해서도 아니 되며 후퇴해서도 아니 되고 전열을 이탈해서도 아니 되며, 싸움터에서건 법정에서건 또는 어디에서고 나라와 조국이 명하는 바는 무엇이나 이행해야 된다는 걸, 아니면 올바른 것이 그 본성에 있어서 어떤 것인지를 나라에 납득시켜야만 된다는 것을 말이야.[239]

이 주장은 강권주의나 권위주의의 주장에 다름 아니다. 이 주장은 국가주의나 전체주의의 기본임을 부정할 수 없다. 그런데 소크라테스는 이런 국가의 주장을 옳다고 인정한다. 바로 여기서 '소크라테스가 악법도 법이라는 말을 했다'는 소문이 나오게 된 것이다.

두 번째 논거와 관련한 국가의 주장은 이렇다. 성인이라면 누구든 국가의 일처리와 법률이 마음에 들지 않을 경우 마음에 드는 다른 나라를 찾아 자유롭게 떠날 수 있다. 국가가 싫어 떠나는 사람에게 국가는 아무런 불이익을 주지도 않는다. 그런데도 국가를 떠나지 않고 평생 머물러 사는 것은 그가 국가의 국정과 법률에 동의하고 만족했기 때문이라고 볼 수 있다.

"국정과 법률에 있어 마음에 들지 않는 부분이 있다면 먼저 조국을 납득시켜라. 그게 아니면 조국을 떠나라. 납득도 못시키고 떠나지도 못한다면 조국의 명령에 무조건 복종하라." 이것이 국가와 법이라는 가공의 대화상대와의 가상 문답을 통해 소크라테스가 하고자 한 말이다. 직접 언급되진 않았지만 악법도 법이라는 말과 같은 뉘앙스가 흠씬 묻어난다. 악법에 대한 모든 저항을 부정한 소크라테스의 원칙에서 나는 법과 국가를 내세워 인간을 탄압한 나치나 유신 정권을 떠올리지 않을 수 없다.

철학자는 죽은 뒤에 최대의 것을 얻으리라

《파이돈》은 소크라테스의 마지막 날, 그러니까 한 달여의 감옥살이를 끝내고 마침내 독배를 마시게 된 날을 묘사한 기록이다. 화자는 파이돈으로, 그는 소크라테스의 마지막을 매우 궁금해하는 에케크라테스에게 사형 당일 소크라테스가 크리톤을 비롯한 여러 친구들, 그리고 제자들과 나눈 대화를 들려준다. 여기서 소크라테스는 자살에 대해 논한다.

친구 에우에노스에게 가급적 빨리 자신의 뒤를 좇으라고 전해달라는 소크라테스의 말에 제자 시미아스는, 에우에노스는 소크라테스의 권고를 전혀 따르지 않을 것이라고 말한다. 그러자 소크라테스는 지혜를 사랑하는 사람이라면 기꺼이 자기의 권고를 따를 것이라고 답하지만, 아마도 자살은 하지 않을 것이라고 덧붙인다. 대부분이 자살을 온당하지 못한 행동이라고 여기기 때문이라는 것이다. 그리고 더욱 확고하게 자살을 부인하는 말을 한다. "신이 어떤 필연을, 이를테면 지금의 내게 내려져 있는 것과 같은 필연을 내려 보내기 전에 먼저 자신을 죽여서는 아니 된다는 주장은 아마도 불합리하지는 않을 게야."[240]

소크라테스는 '신'의 이름을 빌어 자신의 죽음이 '필연'이라고 말하지만, 제자들은 탈옥이냐 죽음이냐는 선택의 문제라며 그를 몰아붙인다. 그러자 소크라테스는 "철학으로 생애를 보낸 사람은 내가 보기에는 죽음에 임하여 확신을 갖고 있으며, 또한 자기가 죽은 뒤에는 저승에서 최대의 것들을 얻게 될 것이라는 희망에 차 있을 것이 당연하다"[241]고 말한다.

이를 두고 철학자의 숭고한 죽음의 철학이라고 말할 사람이 있을지 모른다. 그러나 플라톤을 비롯한 그의 제자들은 스승이 말한 죽음의 철학을 따르지 않았다. 플라톤은 소크라테스 재판 직후 죽음을 피해 아테네를 떠났다. 그리고 시국이 안정되기를 기다려 10여 년 뒤에야 다시 돌아와 아카데메이아를 세우고 대화편을 쓰면서 40년 동안 '잘' 살았다.

플라톤과 소크라테스

지금까지 우리는 소크라테스와 플라톤의 사상을 크게 구분하지 않고 플라톤이 대화편을 통해 전한 소크라테스의 이야기를 소크라테스의 사상으로 보고 논의했다. 그러나 소크라테스와 플라톤의 사상을 엄밀히 구분하는 포퍼나 아렌트의 견해와 같은 시각도 있다.

아렌트는 소크라테스 재판이 철학자와 폴리스 사이의 긴장을 반영한 것으로, 당시까지 잠재돼 있던 '폴리스에 대한 철학자의 적대감'을 보여준 것이라고 보았다. 즉 플라톤이 철학자의 왕국을 주장한 이유는, 정치와 폴리스 자체를 위한 것이었다기보다 철학 자체와 철학자의 안전을 위한 것이었다는 얘기다.

배심원들이 소크라테스의 변론에 설득당하지 않는 것을 본 플라톤은 설득과 토론은 확실성과 불가항력성을 갖고 있지 않아 사람들의 정신을 계도할 수 없다고 생각하고 '자명한 진리'라고 하는 더욱 강력한 무기에 의존하게 된다. 플라톤은 설득과 토론은 동굴 안에 비친 그림자와 같은 의견인 독사(doxa)의 차원에서만 유효하다고 보고, 이를 참된 지식으로서의 에피스테메에 대치시켰다.

플라톤은 《국가》에서 선한 국가란 영원한 진리에 의해 질서가 잡히고 통치됨으로써만 실현 가능하다고 주장하고, 그런 영원한 진리에 입각한 철인정치만이 모든 사람에게 이익이 된다고 주장한다. 그리고 이성만이 이데아를 이해할 수 있는 최고의 능력이라면서 그 능력에 따라 사람들을 등급화하자고 주장한다. 한마디로 완전히 비민주주의적인 닫힌 사회를 구상한 것이다.

《국가》 등에서 볼 수 있는 이러한 사상이 소크라테스와는 무관한 플라톤만의 것인지, 아니면 소크라테스를 주인공으로 한 것이니 만큼 소크라테스의 것인지는 아무도 정확하게는 모른다. 나는 아렌트나 포퍼와 달리 그것을 소크라테스의 생각이라고 보고 지금까지 논증을 전개해왔다.

여하튼 플라톤과 소크라테스의 사상이 같다고 해도 두 사람의 생애는 달랐다. 특히 소크라테스는 평생을 거리의 철학자로 살다간 사람이었지만, 플라톤은 유럽 최초의 대학이라고 불리는 아카데메이아를 세운 사람이었다. 오늘날로 치면 사립대학 이사장쯤이라 볼 수 있겠다.

아카데메이아는 신을 숭배하는 종교공동체라는 점에서 오늘날의 대학과는 다소 차이가 있다. 주신인 아폴로 이외에 아카데메이아가 숭배한 대상에는 소크라테스도 있었다. 그리고 플라톤이 죽고 난 뒤에는 그도 숭배 대상이 되었다. 이리하여 플라톤의 비민주주의와 신을 동시에 숭배하는 대학이 생겨났으니 그 둘은 지금까지도 깊이 관련되는 것인지도 모른다.

6장 | 그리스 민주주의의 파탄

제국적 관점과 민주적 관점

지금까지 유럽인들은 기원전 5세기의 페리클레스 이후, 정확하게 말하자면 429년에 페리클레스라는 천재 정치가가 사망한 이후 그리스가 쇠퇴했다고 보았다. 이 견해는 우리나라에서도 그대로 통용되는 상식이기도 하다. 이 견해가 뿌리내린 것은 19세기였다. 제국주의 시대였던 당시의 역사학자들에게 열강과의 경쟁에서 패배한 아테네는 매력을 상실한 애인처럼 권태로운 대상이었다.

페리클레스 이후 그리스의 역사에서 천재나 거물이 등장하지 않은 것은 사실이다. 30인 정권을 타도하고 민주정을 부활시킨 것도 한 사람의 위대한 지도자가 아니라 수많은 지도자와 민중이었다. 기원전 403년에 부활한 민주정은 그 후 80년간 안정된 길을 걸었다. 지도자들은 과거와 같은 가문이나 문벌 출신이 아니라 민회에서의 변론을 통해 정책결정에 참여한 새로운 유형의 정치가들이었다. 특히 그 기간에는 정치군인이라는 존재가 사라졌다. 장군들은 군사에만 전념했기 때문이다. 국제적으로는 과거의 힘을 회복하지 못했지만 국내적으로는 과거보다 더욱 충실한 민주주의를 이루었고 경제도 부흥했다. 민주적 제도는 앞선 어느 시절보다 더욱 충실하게 정비됐다. 민회 회의장은 더욱 넓어져 아테네 시민의 민회 참여가 더욱 더 확대됐다. 민회에 출석하는 시민에게 수당이 지급되어 참가자가 늘어나게 된 것도 민주정이 부활한 직후의 일이었다. 뿐만 아니라 이 시기에는 연극 관람 수당도 지급됐다. 오늘날 널리 알려진 것처럼 고대 그리스에서 연극이 성행했던 것은 당시 연극관람이 정치참여의 하나로 중요시됐기 때문이다.

   이런 변화는 적어도 민주주의라는 관점에서 보면 바람직한 것이었다. 인치에서 법치로 지배원리를 변경한 아테네 민중은 페리클레스 같은 카리스마를 가진 인격을 더 이상 필요로 하지 않았다. 대신 재무관을 비롯한 각 분야의 전문가들이 등장하기 시작했다. 전문가들의 등장은 아마추어리즘이라는 민주정의 원리에 어긋나는 것이라는 점에서 훗날 민주정을 파탄시키는 원인의 하나가 되기도 했지만, 그것만이 파탄의 원인이라고는 말할 수 없다.

알렉산더와 민주정의 파탄

알렉산더는 최초로 세계제국을 이룩한 사람으로 유명하다. 그는 '대왕'이라는 호칭으로 불리지만, 적어도 그리스 민주주의와 관련해서는 민주주의의 파괴자로 불려야 옳다. 폴리스를 갖지 못한 마케도니아는 알렉산더의 아버지 시대부터 국력을 키웠다. 각각 혼자로는 마케도니아에 대항할 수 없었던 그리스의 폴리스들은 연합하여 저항했지만 결국 패배했다. 이 패배로 모든 폴리스가 독립성을 상실했다.

폴리스 존립의 전제는 자치에 있었다. 폴리스 시민에게 있어 자치는 최대의 자랑이자 생명과 같은 것이었다. 자치가 부정되자 민주정도 부정됐다. 알렉산더가 죽고 난 뒤 아테네에서 민주파를 중심으로 반란이 일어났지만 금방 진압됐다. 322년 여름 반란군은 항복했고, 이 사건은 민주정이 폐지되는 결정적 계기가 됐다.

참정권은 2천 드라쿠마 이상의 재산을 가진 시민 9천 명에 한정됐고, 정치는 과두정으로 변했으며, 민중법원도 공무원추첨제도 복수대표제도 순환제도 민회수당도 모두 폐지됐다. 빈민의 민회 참가도 금지됐다. 그 후 80여 년간 아테네에서는 여덟 차례의 정변이 터지고 민주정이 세 차례나 부활하기도 했다. 그러나 세 차례 모두 헬레니즘 세력의 지원을 받은 것으로 진정한 민주정의 부활이라고 볼 수는 없었다.

결국 아테네의 민주주의는 알렉산더라는 외세에 의해 완전히 전복된 것이다. 따라서 세계사 교과서에 나오는 상투적인 설명, 즉 그리스가 펠로폰네소스 전쟁의 후유증 속에 중우정에 빠져 망했다는 설명은 옳지 않다. 그리스는 민주정 때문에 망한 게 아니다.

에필로그

고대 그리스인은 모든 방면에 관심을 갖고 능력을 발휘하는 것이 민주주의 시민의 바람직한 모습이라고 생각했다. 그들은 가정의 평화를 지키고 가계의 수지를 관리하는 데 엄격했고, 공적으로는 민회와 민중법원 참여, 추첨에 의한 공무 담당, 전쟁 수행에 바빴으며 그 모든 것을 위해 교양을 쌓고 체력을 단련했다. 그리고 공과 사, 정신과 육체의 모든 영역에서 자신의 능력을 최고로 발휘하고자 노력했다.

고대 그리스에서 공무원의 자격요건은 전문가가 아니라 폴리스 시민으로서의 덕성이었다. 한 분야의 전문성만을 추구하는 것은 자유인이 할 일이 아닌 비열한 짓으로 여겨졌고, 경제적으로 최대의 이윤을 추구하는 것도 부끄러운 짓으로 간주됐다. 민주정의 원칙인 아마추어리즘은 그런 가치관과 더불어 인간은 본래 잠재적으로 모든 능력을 갖추고 있다는 가치관에 입각한 것이었다.

고대 그리스인은 민주주의를 하나의 생활방식으로 이해했고, 시민이라면 누구나 민주정에 참여해야 한다고 생각했다. 그러기 위해서는 공사 양면에서 경험을 쌓아 스스로 능력을 갖춰야 했다. 따라서 정치에 참여하지 않는 사람은 무능한 시민으로 간주됐다.

그런 자유인들의 공동체인 폴리스는 자주를 기본으로 하는 자치체로서 시민의 자율적인 생활방식을 보장하는 것이어야 했다. 그래서 그 조직은 민회, 평의회, 민중법원, 책임지는 공무원제로 구성됐다. 그 어느 것이나 참여와 책임의 원리에 의해 운영됐다.

그런데 이러한 폴리스가, 그리고 폴리스 시민의 아마추어리즘이 소크라테스의 프로페셔널리즘에 의해 부정됐다. 그래서 그는 결국 처형당했다. 물론 그의 처형 자체는 법적으로나 도덕적으로나 허용되어서는 안 될 부당한 것이었다. 하지만 우리는 그것을 전제정에서 벗어난 지 얼마 되지 않아 여전히 불안에 떨던 아테네 시민들이 다시 찾은 민주정을 지키기 위해 기울인 정치적인 노력의 하나로 재고해 볼 필요가 있다. 말하자면 어지러운 혼란기였던 그 시기에 소크라테스 같은 반민주주의자가 너무나 많았기에 본보기로 그를 처형한 것이었다.

그러나 그 후의 역사는 그의 반민주주의의 승리로 이어졌다. 역사는 전문가, 특히 교수를 중심으로 하는 노예제 학문집단인 대학을 배경으로 한 엘리트 전문가들이 세상을 지배하는 비민주주의 체제를 형성했다. 그런 반민주주의의 역사는 2천 년 이상

지속돼 왔다. 지금으로부터 2백 년쯤 전부터 범세계적으로 민주주의 바람이 불었지만 그 대세는 어디까지나 간접민주주의와 전문가주의가 복합된 관료주의 같은 것으로, 고대 그리스의 직접민주주의가 가졌던 아마추어리즘과는 다른 것이었다. 그래서 아테네 민주주의에 적대적이었던 소크라테스와 그의 제자들, 특히 플라톤이 그 세력을 유지했다. 지난 2천 년간의 봉건사회에서는 물론 지난 2백 년간의 민주사회에서도 그들의 학설이 옳다고 칭송됐다.

그러나 이제 우리는 실상을 정확하게 알 필요가 있다. 소크라테스나 플라톤의 반민주적 가르침보다 고대 아테네 시민들의 직접민주주의 경험이 우리에게 더욱 소중하기 때문이다. 물론 지금 우리는 아테네의 직접민주주의를 그대로 따라할 수도 없고 그럴 필요도 없다. 그러나 직접민주주의가 불가능하다든가 그것은 단지 중우정에 불과하다는 식의 편견은 버려야 한다.

지금 우리는 '참여와 책임'을 중요한 가치로 여기는 사회에 살고 있다. 이는 단순히 특정한 정권의 구호로 끝나지 않고 우리 시대는 물론 앞으로도 영원할 우리의 구호다. 모든 시민에게 보다 폭넓은 참여의 기회가 주어지도록 해야 하고, 동시에 그 참여에 반드시 엄격한 책임이 따르도록 해야 한다.

특히 모든 정치인을 포함한 넓은 의미의 공인을 선발할 때 전문분야의 능력만이 아니라 교양 있는 품성을 무엇보다도 존중해야 한다. 따라서 대학에서도 교양교육에 더욱 주력해야 한다. 그러기 위해서는 대학 자체가 개혁돼야 한다. 전문가 바보 노예가 우글거리고 권위주의적 사육사가 주름잡는 동물원이 아니라 자기 철학을 갖는 전인적 지식인으로서의 교수들이 폭넓은 학제적 연구와 교양인 교육을 담당하는 새로운 대학을 만들어야 한다. 정부기구 중에서 가장 비민주적이고 관료적 재판이 판을 치는 사법부는 아테네의 민중법원까지는 아니더라도 시민이 참여하는 배심제나 참심제로 나아가도록 해야 한다.

  덧붙여 마지막으로 다시 강조하자. 우리 모두 자유인, 자치인, 자연인이 되도록 노력해야 한다. 경제인이 아니라, 지배자가 아니라, 엘리트가 아니라, 전문가가 아니라, 즉 경제적 이윤추구의 상징인 배부른 돼지가 아닌, 그렇다고 해서 전문가주의로 말라비틀어진 소크라테스도 아닌, 자유롭고 평등한 시민으로서 모든 분야와 모든 활동에 적극 참여하고, 자주적으로 발언하며, 자기 사회의 자치에 대해 책임을 지는 아마추어리즘의 시민이 되도록 노력해야 한다. 그렇게 해야만 우리의 민주주의를 더욱 완전하게 만들어갈 수 있으리라.

주석

1) 《소크라테스의 비밀(The Trial of Socrates)》(I.F. 스톤 저, 편상범·손병석 공역, 자작아카데미, 1996) 20쪽. 이하 이 책은 '스톤'으로 인용함.
2) 스톤 20쪽 역주에서 역자들은 크세노폰이 소크라테스의 제자라고 하나 의문이다.
3) 《소크라테스 회상》(최혁순 역, 범우사, 1976) 13쪽.
4) 《소크라테스 회상》 4.8.4, 226쪽.
5) 가령 키토의 《그리스 문화사》(김진경 역, 탐구당, 1984)는 1951년, 포레스트의 《그리스 민주정의 탄생과 발전》(김봉철 역, 한울아카데미, 2001)은 1966년, 앤드류스의 《고대 그리스사》(김경현 역, 이론과실천, 1991)는 1967년에 나온 책이다.
6) 《안녕하세요, 소크라테스》(루치아노 데 크레첸조 저, 현준만 역, 포도원, 1993).
7) 《안녕하세요, 소크라테스》 32쪽.
8) 《안녕하세요, 소크라테스》 33쪽.
9) 《그리스 철학의 이해》(강대석 저, 한길사, 1987).
10) 《그리스 철학의 이해》 112쪽.
11) 《소크라테스의 변명》(조우현 역, 삼성출판사, 1976), 16쪽.
12) 《그리스·로마 철학 기행》(클라우스 헬트 저, 최상안 역, 백의, 2000) 126쪽.
13) 《교양》(디트리히 슈바니츠 저, 인성기 외 역, 들녘, 2001) 78~79쪽.
14) 이 대목은 슈바니츠의 책에서 가장 빛나는 부분이니 좀더 소개하고자 한다. 슈바니츠는 먼저 '사람이 알아서는 안 되는 것'이 무엇인지 아는 것도 교양이라고 주장하고, 그럼에도 불구하고 이 점에 대한 관심은 적었다고 말한다. 여하튼 '지식은 힘'이 아니라 '좋은 지식은 힘이나 나쁜 지식은 악'이라는 것이다. 그가 꼽은 나쁜 지식의 첫 번째는 황실 소식이다. 우리나라는 황실이 없으니 무관하나 일본과 유럽, 특히 영국은 다르다. 내가 일본과 영국이 싫은 이유 중 가장 큰 이유는 황실에 있다. 슈바니츠는 황실이란 상류사회의 삶에 기생하는 '시끄러운 소문'에 불과하다고 잘라 말한다. 나쁜 지식의 두 번째는 더욱 위험한 지뢰밭인 텔레비전 프로그램이다. 슈바니츠가 말하는 프로그램은 게임쇼, 대참사 뉴스 따위의 모든 논픽션, 최루성 멜로 연출극(집 나간 자식의 귀가, 이산가족 재회, 기부금 구걸, 결혼식, 민속음악, 유행가, 개그 등)을 비롯해 매일같이 사람들을 바보로 만들기 위해 끝없이 노력하는 거의 모든 프로그램들을 가리킨다. 이 밖에 잡지, 축구, 자동차, 영화 등도 슈바니츠에 의해 나쁜 지식으로 꼽혔다.
15) 《교양》 684쪽.

16) 《교양》 79쪽.
17) 《교양》 693쪽.
18) 스톤, 20쪽.
19) 스톤, 236쪽.
20) 《드 보통의 삶의 철학산책》(알랭 드 보통 저, 정진욱 역, 생각의나무, 2002) 60~61쪽.
21) 《소크라테스의 변론》 93쪽.
22) 《소크라테스의 변론》 88~89쪽.
23) 《메논》 90쪽.
24) 《메논》 91쪽.
25) 《열린사회와 그 적들》(칼 포퍼 저, 이한구 역, 민음사, 1982)
26) 《열린사회와 그 적들》 1권, 179~184쪽.
27) 아테네의 인구는 시대에 따라 변했으나, 기원전 313년에 성년 남자 수는 2만 1천 명이었던 것으로 추정된다. 기원전 400년경에는 2만~2만 5천 명, 기원전 432년경에는 3만 5천~4만 5천 명이었던 것으로 추정된다. M. H. Hansen, *The Athenian Assembly in the Age of Demosthenes*, Oxford, 1987, p. 17; V. Ehrenberg, *The Greek State*, 2nd. ed., London, 1969, p. 31.
28) 《고대 그리스사》 22쪽.
29) 《고대 그리스사》 22~23쪽.
30) 《고대 그리이스》(C.M. 바우러 저, 한국일보 타임라이프북스, 1978) 1000쪽.
31) Aristotle, *Politica*, book 9, 14, 1297a, 1298b.
32) Douglas M. MacDowell, *The Law in Classical Athens*, 1978, pp. 167~169. 이하 이 책은 MacDowell로 인용함.
33) MacDowell, pp. 169~170. pp. 171~172.
34) 이 분야에 대한 가장 탁월한 연구자는 덴마크의 한센(M.H. Hansen)이다. 그의 저서들은 다음과 같다. M. H. Hansen, *The Sovereignty of the People's Court in Athens in the Fourth Century B.C. and the Public Action against Unconstitutional Proposals*, Odense, 1975; *Eisangeria: The Sovereignty of the People's Court in Athens in the Fourth Century B.C. and the Impeachment of Generals and Politicians*, Odense, 1975; *The Athenian Assembly in the Age of Demosthenes*, Oxford 1987.
35) P. J. Rhodes, *The Athenian Boule*, Oxford, 1972.
36) MacDowell, pp. 10~11.
37) Edith Hamilton, *Mythology*, Mentor, 1969, pp. 25, 37.
38) 이는 도시법이 아닌 제국법이었던 로마법과 대조적인 점이다. 로마법은 왕정(기

원전 753~509년), 공화정(기원전 509~27년), 제정(기원전 27~기원후 565년)으로 정체가 변했으나 언제나 중앙집권적인 권위를 배경으로 하여 발전했다.
39) 격투는 Homer, *Iliad*, XII, 421~424, 토론은 같은 책 IX, 632~636에서 볼 수 있다. 이하 이 책은 Homer로 인용함.
40) Homer, XXIII, 485~487.
41) Homer, II, 205~206.
42) Homer, I, 237~239.
43) Homer, II, 807; XV, 387; XVIII, 497.
44) MacDowell, 1978, pp 10~11.
45) MacDowell, pp. 22~23.
46) MacDowell, p. 24.
47) MacDowell, p. 25.
48) Aristotle, *Athenaion Politeia*, chapters 56~59.
49) Aristotle, chapters 3~5.
50) Aristotle, chapters 3, 6.
51) MacDowell, pp. 27~28.
52) Aristotle, chapter 9.
53) 이 말의 기원은 도리아인의 폴리스에서 '민회'를 의미한 alia, aliaia에 있다. 민회는 아테네에서는 ekklesia로 불렸다. aliaia와 ekklesia는 반대개념이 아니라 모두 시민을 대표하는 총회라고 하는 동종의 개념이다.
54) MacDowell, pp. 2, 32.
55) MacDowell, p. 32.
56) 디카스테스(dikastes)를 영미법계에서는 배심원(a jury, 陪審員)이라고 번역하는데, 이는 적확한 번역이 아니다. 재판 과정에서 사실인정에만 참여하는 현대의 배심원과는 달리 디카스테스는 사실인정과 법률적 판단을 함께 하기 때문이다. 그런 의미에서 나는 디카스테스가 참심원(參審員)에 더 가깝다고 생각하지만, 이것도 엄밀히 따지면 옳지 않기는 마찬가지다. 사실인정과 법률적 판단을 함께 한다는 점에서 배심원보다 가깝긴 하지만, 참심원이 대개 2~3명 정도로 구성되는 데 비해 디카스테스는 500명 이상의 대중으로 구성되기 때문이다. 이 책에서는 통상 쓰이는 번역어대로 그냥 배심원이라고 쓰지만 독자들은 그 차이를 구분하기 바란다.
57) 《소크라테스의 변론》 82쪽.
58) J.H. Kroll, *Athenian Bronze Allotment Plates*, Cambridge, Mass, 1072.
59) MacDowell, p. 240.
60) MacDowell, pp. 240~242.

61) Aristotle, chapter 48.5.
62) 《벌》 99쪽. 이것은 당시의 배심원들을 데마고그들에게 조종당하고 보잘것없는 권력에 취해 있는 모습으로 풍자한 보수적인 작가의 작품이다. 무식한 주인공은 배심원과 재판관을 겸하면서 3오볼로스의 일급을 받기 위해 데마고그에게 이용당하고 정쟁의 도구가 됐다고 작가는 비난했다.
63) MacDowell, pp. 249~250.
64) MacDowell, p. 250.
65) MacDowell, p. 250.
66) MacDowell, pp. 251~252.
67) MacDowell, p. 252.
68) MacDowell, p. 252.
69) Aristotle, chapter. 69.1.
70) MacDowell, pp. 252~254.
71) Aristotle, chapter 69.2.
72) MacDowell, pp. 253~258.
73) MacDowell, p. 60.
74) MacDowell, p. 32.
75) MacDowell, p. 7.
76) MacDowell, pp. 214~217.
77) MacDowell, pp. 248~249.
78) MacDowell, p. 44.
79) Aristotle, *Rhetorica*, Book I, 13, 1374a, 20~25.
80) Aristotle, *Politica*, book III, 127 ff, 20~25.
81) Aristotle, *Athenaion Politeia,* chapter 24.
82) 《벌》 89쪽.
83) 《벌》 90쪽.
84) Hansen, 1975.
85) A. H. M. Jones, *Athenian Democracy*, Oxford, 1057.
86) 《소크라테스 평전》(G. 마르틴, 박갑성 역, 삼성문화재단, 1974) 7쪽. 이하 마르틴으로 인용함.
87) 마르틴, 11쪽.
88) 마르틴, 43쪽.
89) 아테네의 정치가, 장군.
90) 《프로타고라스》 21쪽.
91) 《파이돈》 60a. 274쪽.

92) 《파이돈》 115a~b. 455쪽.
93) 《회상》 3.7.7, 142쪽.
94) 《국가》 4.295e.
95) 《테아이테투스》 173c~e.
96) Apologia, 29.
97) 《새》(아리스토파네스 저, 나영균 역, 현암사) 209쪽. 이하 《새》로 인용함.
98) 스톤, 219쪽.
99) 《고르기아스》 515e~f, 223쪽.
100) 《국가》 8.544c, 287쪽.
101) 《회상》 3.5.13~15, 131쪽.
102) 《프로타고라스》 342d
103) 《프로타고라스》 342a.
104) 《회상》 3.9.10, 150쪽.
105) 《국가》 7.537d, 7쪽 이하.
106) 《회상》 3.9.11, 150쪽.
107) 《회상》 220쪽에서는 전제를 '민왕(民王)정치' 라고 번역하나 의문이다.
108) 《회상》 151쪽에서는 이를 '민왕' 이라고 번역하나 이 역시 의문이다.
109) 《회상》 3.2.1, 116쪽.
110) 《회상》 1.2.59, 40쪽.
111) 《일리아드》 2.198~202, 34쪽.
112) 《일리아드》 2.203~206. 34쪽.
113) 《회상》 1.2.59. 40쪽.
114) 《고르기아스》 525e.
115) 《국가》 10.620c, 387쪽.
116) 《소크라테스의 변론》 41b. 186쪽.
117) 《향연》 174c.
118) 《국가》 3.389c, 97쪽.
119) G.B. Kerferd, *The Sophistic Movement*, Cambridge University Press, 1981.
120) 이데아론은 플라톤의 사상이지 소크라테스의 사상이 아니라고 보는 견해도 있다.
121) 《회상》 4.4.9. 202쪽.
122) 《메논》 80a~b, 166쪽.
123) 《소크라테스의 변론》 30b, 149쪽.
124) 《메논》, 99e, 212쪽.
125) 《프로타고라스》 319d, 44쪽.

126) 《프로타고라스》 319b~c, 44쪽.
127) 《프로타고라스》 322b~c.
128) 《프로타고라스》 322b~c, 50~51쪽.
129) 《프로타고라스》 328d, 62쪽.
130) 《프로타고라스》 361c, 140쪽.
131) 《회상》 1.6.1~15, 54~58쪽.
132) 스톤, 86쪽.
133) *Apologia*, 32b~c, 156~157.
134) 《회상》 1.2.32, 31~32쪽.
135) 《회상》 1.2.33~38, 32~33쪽.
136) 《회상》 1.2.29~31. 30~31쪽.
137) 《소크라테스의 변론》 32d, 158~159쪽.
138) 《소크라테스의 변론》 23e, 125쪽.
139) 《회상》 1.1.1, 16쪽.
140) 《소크라테스의 변론》 24b. 127쪽.
141) 스톤 19쪽은 고발장이라고 하나 이는 잘못이다.
142) 《회상》 1.3.1, 42쪽.
143) 《안티고네》 1.277, 732~739행.
144) 《히폴리토스》 희랍극전집 1권, 391쪽.
145) 《안드로마케》 희랍극전집 2권, 957~968쪽.
146) 《아우게》 275.
147) 《회상》 4.8.1, 225쪽.
148) 《회상》 4.8.1, 225~226쪽.
149) 《회상》 4.8.3, 226쪽.
150) 《회상》 4.8.4, 227쪽; *Apologia* 2~3.
151) 《회상》 4.8.5, 227쪽; *Apologia* 4.
152) 《회상》 4.8.7, 227쪽; *Apologia*, 6.
153) 《회상》 4.8.8, 227쪽; *Apology*, 7.
154) 《회상》 4.8.10, 228쪽.
155) *Apologia*, 25.
156) *Apologia*, 10~13.
157) 《회상》 1.1.2, 16~17쪽.
158) 《회상》 1.1.1, 16쪽.
159) 《회상》 1.1.2, 16~17쪽; *Apologia*, 12~13.
160) *Apologia*, 31d, 40a~c; *Euthydemus*, 272e; 《파이돈》, 242c.

161) 《회상》 1.1.4, 17쪽.
162) *Apologia*, 24c~d, 25c.
163) 《회상》 19쪽.
164) 《소크라테스의 변론》 20e, 115쪽.
165) *Apologia*, 14~15.
166) *Apologia*, 13.
167) *Apologia*, 19~21.
168) *Apologia*, 22.
169) *Apologia*, 23.
170) *Apologia*, 24~26.
171) *Apologia*, 27~28.
172) 《회상》 1.2.9, 24~25쪽.
173) 《회상》 1.2.10~11, 25쪽.
174) 《회상》 1.2.12.
175) 《회상》 1.2.13~28, 26~30쪽.
176) 《회상》 1.2.29~38, 30~34쪽.
177) 《회상》 1.2.40~46, 34~36쪽.
178) 《회상》 1.2.47, 36쪽.
179) 《회상》 1.2.48, 36~37쪽.
180) 《회상》 1.2.49~53, 37~38쪽.
181) 《회상》 1.2.54, 38~39쪽.
182) 《회상》 1.2.55~58, 39~40쪽.
183) 《회상》 1.2. 59~61, 40~42쪽.
184) 박종현은 100쪽 주 9에서는 '고발인'을 '고소인'으로 번역하고서, 그 이유를 서로 구별하기 위해서라고 했다. 하지만 같은 원어를 번역하는 경우 하나의 역어로 통일하는 게 일반적이므로 이 책에서는 모두 고발인이라고 한다. 그리스에서는 누구나 고발인이자 고소인이 될 수 있었기 때문에 우리나라와 같은 고소와 고발의 구별은 불필요하다.
185) 《소크라테스의 변론》 17a, 97~98쪽.
186) 《소크라테스의 변론》 40a, 181쪽.
187) 《소크라테스의 변론》 19b, 106쪽.
188) 《소크라테스의 변론》 18b~c, 101~102쪽; 19b~c, 106쪽.
189) 《소크라테스의 변론》 20e, 115쪽.
190) 《소크라테스의 변론》 117쪽, 주57.
191) 《메논》 93b~94e.

192) 《소크라테스의 변론》 23b, 123쪽.
193) 《소크라테스의 변론》 21a, 115쪽.
194) 《소크라테스의 변론》 24b, 127쪽.
195) 《소크라테스의 변론》 24d~25c, 128~132쪽.
196) 《소크라테스의 변론》 24d, 128쪽.
197) 《소크라테스의 변론》 25a, 131쪽.
198) 《소크라테스의 변론》 25b, 132쪽.
199) 《소크라테스의 변론》 25c~26a, 132~134쪽.
200) 《소크라테스의 변론》 26c, 134쪽.
201) 《파이돈》 96a, 390쪽.
202) 《소크라테스의 변론》 19c~d, 106~107쪽.
203) 《소크라테스의 변론》 26c, 135쪽.
204) 《소크라테스의 변론》 26d, 135~136쪽.
205) 《소크라테스의 변론》 26d, 136쪽.
206) 《소크라테스의 변론》 28a, 141~142쪽.
207) 《소크라테스의 변론》 28a, 142쪽.
208) 《소크라테스의 변론》 28b, 142쪽.
209) 《소크라테스의 변론》 29b, 146쪽.
210) 《소크라테스의 변론》 29d, 147쪽.
211) 《소크라테스의 변론》 30a~b, 149쪽.
212) 《소크라테스의 변론》 30d~e, 151쪽.
213) 《소크라테스의 변론》 31d, 153~154쪽.
214) 《소크라테스의 변론》 40a, 181쪽.
215) 마르틴, 76~90쪽.
216) 《소크라테스의 변론》 31e~32a, 154쪽.
217) 《소크라테스의 변론》 33a, 159쪽.
218) 《소크라테스의 변론》 33a, 160쪽.
219) 《소크라테스의 변론》 35d, 168~169쪽.
220) 《소크라테스의 변론》 33a, 159쪽.
221) 《소크라테스의 변론》 36a, 169~170쪽.
222) 《소크라테스의 변론》 37a, 172쪽.
223) 《소크라테스의 변론》 37d~38a, 175~176쪽.
224) 《소크라테스의 변론》 38b, 176쪽.
225) 《소크라테스의 변론》 37b, 173쪽.
226) 박종현 177쪽 주216에서는 벌금형 쪽이라고 하나, 원문(39e, 180쪽)에서는 무죄

쪽이라고 한다.
227) 《소크라테스의 변론》 38c, 177쪽.
228) 《소크라테스의 변론》 38d, 177~178쪽.
229) 《소크라테스의 변론》 39b~c, 179쪽.
230) 《소크라테스의 변론》 40a, 181쪽.
231) 《소크라테스의 변론》 40b, 182쪽.
232) 《크리톤》 46a, 217쪽.
233) 《크리톤》 46b, 218쪽.
234) 《크리톤》 48b, 224~225쪽.
235) 《크리톤》 49a~b, 227~228쪽.
236) 《크리톤》 49b, 228쪽.
237) 《크리톤》 49e, 230쪽.
238) 《크리톤》 50b, 231쪽.
239) 《크리톤》 51b, 235쪽.
240) 《파이돈》 623c, 283쪽.
241) 《파이돈》 63e~64a, 287쪽.

소크라테스 두 번 죽이기
-반민주주의자에 대한 민주주의 재판

지은이 | 박홍규

1판 1쇄 펴낸날 | 2005년 7월 25일
1판 3쇄 펴낸날 | 2015년 10월 26일

펴낸이 | 이주명
편집 | 문나영
표지디자인 | 민진기 디자인
본문디자인 | 예티
출력 | 문형사
인쇄 | 한영문화사
제본 | 한영제책사

펴낸곳 | 필맥
출판등록 | 제300-2003-63호
주소 | 서울시 서대문구 충정로2가 184-4 경기빌딩 606호
홈페이지 | www.philmac.co.kr
전화 | 02-392-4491
팩스 | 02-392-4492

ISBN 89-91071-18-X (03300)

* 잘못된 책은 바꿔드립니다.
* 값은 뒤표지에 있습니다.

이 도서의 국립중앙도서관 출판시도서목록(CIP)은 e-CIP 홈페이지(http://www.nl.go.kr/cip.php)에서 이용하실 수 있습니다.(CIP제어번호: CIP2005001367)